인격과 로봇

미래를 여는 진정한 인간

김태오 저

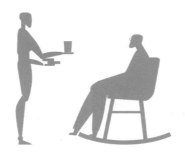

박영사

머리말

 '인격과 로봇'은 인문학 서적이다. 필자가 '로봇과 인격'이라 하지 않고 '인격과 로봇'이라 함은 인격의 중요성 안에서 다가오는 로봇시대를 맞이한다는 것이다. 따라서 이 책은 제4차 산업혁명에서 인공지능 및 로봇의 부상에 초점을 두면서, 로봇공학이 인간 정체성을 말하는 인격에 어떠한 영향을 미치는지 그리고 어떠한 관계성이 있는지를 구명함을 그 목적으로 한다.

 최근 급속히 발전하는 사물인터넷, 빅데이터, 인공지능, 클라우드 컴퓨팅 등의 정보통신기술이 의생명과학기술과 같은 최첨단 기술 응용 분야와 융합하여 새로운 형태로의 산업정책의 변화를 일으키고 있다. 이러한 변화는 기존 산업형태의 패러다임을 바꾸어 새 패러다임을 형성하는데, 이를테면 독일은 2011년 봄 혁신적인 산업정책으로 인더스트리 4.0Industry 4.0을 발의하였다.[1] 따라서 2016년 스위스 다보스포럼[2]

---

1 공식적으로는 2011년 1월에 발의되었고, 독일 국가과학위원회(Germany's national academy of science and engineering)는 Industry 4.0을 통해 산업 생산성이 30% 향상될 것으로 전망한다. Industry 4.0은 제조업과 같은 전통 산업에 IT 시스템을 결합하여 생산 시설들을 네트워크화하고 지능형 생산시스템을 갖춘 스마트 공장(Smart Factory)으로 진화하자는 의미를 가지고 있다.
2 전 세계 경제 및 정치 리더들이 모여 한 해 동안 인류가 해결해야 할 가장 중요한 화두에 대해 머리를 맞대고 해법을 제시하는 세계경제포럼(WEF)으로 2016년 1월 20일부터 나흘간 스위스 동부 스키휴양지 다보스에서 열렸다. 김정욱 외, 『2016 다보스 리포트: 인공

의 주제가 "제4차 산업혁명의 이해(Mastering the 4th Industrial Revolution)"
인 것은 어찌 보면 피할 수 없는 시대적 흐름이라 하겠다.

　다보스포럼은 제4차 산업혁명이 이미 우리 앞에 와 있는 현실이며,
이제 세계 경제는 빅데이터, 로봇, 인공지능, 사물인터넷 등 최첨단 기
술의 융합을 통해 혁명적인 변화를 초래할 것으로 전망하였다. 실제로
2016년 3월 세계인들의 관심과 함께 개최된 구글 딥마인드Google DeepMind
의 바둑프로그램 인공지능 알파고AlphaGo와 이세돌 9단의 대결은 단순
히 인공지능과 인간지능의 대결을 넘어서 인간을 압도하는 기계의 힘
을 세계인들에게 보여주었다. 그리고 그 힘은 현대산업의 양태를 바꿀
혁명적인 기술일 것임을 사람들에게 예고하면서, 자연스레 사람들의
마음에 제4차 산업혁명이 자리하게 되었다.

　제4차 산업혁명은 인간의 삶의 질과 양식을 전반적으로 급격히 변
화시키는 제3차 산업혁명의 심화와 같으면서도, 동시에 인간의 정체성
또는 인간존재의 근거를 보다 깊숙이 뒤흔들 가능성이 크다. 이를테면
첨단기술과 융합한 진보된 의생명과학기술은 인간 인체에 대한 각종
시술을 감행함으로써 인체를 '인공적'으로 변형시키는, 즉 과학과 테크
놀로지의 진화인 '트랜스휴먼'[3]을 더욱 심화시키면서 인간 존엄성의 근
간을 훼손할 것이다. 또한, 빅데이터를 기반으로 하는 인공지능은 합성
생물학의 융합을 통해 인간을 닮은 기계의 출현을 앞당기면서, 진보된
기계에 대한 인간 자신의 정체성 혼란을 초래할 것이다. 이러한 이유로
제4차 산업혁명은 다른 어떠한 혁명의 시대보다 더 인간의 정체성에

지능발 4차 산업혁명』, 매일경제신문사, 2016.
3　21세기 놀라운 기술 발전과 함께 등장한 트랜스휴먼(Transhuman)이라는 말은, 인간이
　규정한 인간의 본성을 위협하거나 뛰어넘는 인간존재의 상태를 말한다. 이 문제는 제3장
　에서 다루게 된다.

대한 숙고와 함께 진행되어야 할 것이다.

필자는 학창시절 제3차 산업혁명을 다가오는 미래의 물결로 약간은 들뜬 마음으로 기대하였다. 당시의 새로운 물결은 새로운 지식 및 새로운 전망으로 인류사회의 급격한 변화와 발전을 기대하게 했다. 아마도 요즘 젊은이들이 제4차 산업혁명을 그렇게 기대하고 있는 듯 싶다. 그러나 필자에게서 지금의 제4차 산업혁명은 발전보다는 두려움이 앞선다. 이미 10층 또는 20층 빌딩을 짓고 풍족한 삶을 영위하는 사회가, 고도화된 기술로 더 높은 빌딩을 짓기 위해 애쓰는 모습처럼 느낀다. 기술의 발달은 자연 세계를 점점 인공적인 세계로, 인간적인 사회를 점점 기계적인 자동화 사회로 변모시키고 있다. 나아가 고도화된 기술은 인간의 욕망인 인공생명체의 탄생 또는 인간을 닮은 아니 인간과 같은 유사한 종의 탄생으로 향하고 있다. 그래서 기술의 발전을 염려하는 학자들은 끊임없이 묻는다. 기술의 발전은 어디까지인가? 인간의 욕망이 기술로써 꼭 채워져야 하는가? 인간의 정체성과 관련하여 기술이 넘어서 안 되는 선이 있지 않겠는가?

시간의 흐름은 거부할 수 없는, 즉 받아들일 수밖에 없는 실재이다. 현재 사회는 제4차 산업혁명의 첨단기술로 만들어지고 있다. 이러한 제4차 산업혁명에서 우리에게는 어떠한 준비가 필요한가? 특히 인공지능이 우리 생활 영역으로 들어오고 로봇시대의 도래를 앞둔 이 시점에 우리는 무엇을 해야 하는가? 이러한 질문에 대한 정답은 없지만, 기술과 인간존재의 긴밀한 관련성을 생각한다면 이미 우리 생활의 한 영역을 차지하는 최첨단 기술시대를 그냥 맞이해서도 안 될 것이다. 특히 고도화된 인공지능을 기반으로 도래할 로봇시대에 로봇은 사회 전반에 큰 변화를 일으킬 것이다. 미래의 로봇은 인간의 거의 모든 일을 대체할 수 있으며, 인간의 본질을 크게 위협할 가능성이 크다. 하지만 대체할 수 없는 사람만의 기능 또는 사람만의 가치가 있다는 것이 현 세계에서 인간의 존재론적 근거이다. 그리고 이 근거가 바로 다가오는 최첨단 사회 또는 로봇시대에서 인간 스스로 지켜야 하는 고유한 인간 존재의 정체성이다.

세계의 사상사 안에서 인간존재의 정체성은 다양하게 파악되어 왔는데, 보편적으로 인간의 이성과 언어능력을 인간의 고유성으로 보았다. 이를테면 서양 철학사에서 데카르트는 기계에 배치된 인간만의 가치를 '이성과 언어능력'이라 하였다. 그런데 오늘날 아직은 초보 단계이지만 '사고하는 로봇,' '대화로 교감하는 로봇'이 출시되면서 인간 정체성에 대한 성찰이 조금씩 깊어지고 있다. 인간만이 사고하고 언어를 구사해야 하는데, 이제 기계가 인간의 말을 하고 인간의 행동을 보이게 되니 인간의 정체성 혼란이 자연스레 초래된 것이다.

한편, 인공지능 및 로봇공학의 발전은 로봇의 인간화를 초래하고 있다. 앞으로 살펴보겠지만 로봇기술의 발전은 인간의 지성과 감성 능력을 지닌 로봇을 출시하며, 이들 로봇이 인간과 같은 지위를 가질 수 있는가의 문제를 도출한다. 즉 인간의 지성과 감성 능력을 지닌 로봇이 인격적 대상 또는 인격적 존재라 할 수 있는가? 제4차 산업혁명과 함께 로봇과 공존하는 사회를 앞두고 비록 초보적이지만 인간처럼 말하고 행동하려는 인공지능 로봇에게 인격적 지위를 부여할 수 있는가? 부여할 수 있다면 어떠한 경우이며, 부여할 수 없다면 어떠한 이유인가?

위와 같은 질문들을 살펴보고 숙고하는 것이 이 책에서 말하고자 하는 내용이 될 것이다.

필자는 로봇시대를 맞이하면서 인간실존의 가치를 '인격'에 두고 인격의 중요성을 강조하고자 한다. 그래서 로봇은 인간이 아니며 인격은 온전히 인간만의 본질임을 다시 한번 구명하고 싶다. 바로 이것이 인격과 로봇이라는 주제의 의미이다. 인격의 가치를 드높이며 인격의 가치성 안에서 로봇시대를 맞이할 수 있는 우리 사회이기를 희망하는 것이 이 책의 목적이다.

최근 인문학자들이 로봇 분야에 많은 관심을 나타내고 있다. 이들은 제4차 산업혁명의 첨단기술들 특히 인공지능 및 휴머노이드 로봇이 인간의 삶의 질을 넘어 인간존재의 근간을 위협할 수 있다고 본다. 필자도 그러한 사람 중의 하나이며, 또한 로봇과 인간이 공존하는 세상을 온전히 그려내기 위해서 공학자들에게 반드시 요구되는 것이 인간의 존재론적 성찰이라 믿고 있다.

현재 일본 와세다 대학에서 '기술철학'을 가르치고 있는 다카하시 도루 교수는 현대 서양철학을 연구한 철학자이지만 인공지능이나 사이보그에 대한 강의를 인문계 학생들에게 전하고 있다. 그는 저서 『로봇시대에 불시착한 문과형 인간』의 서문에서 이렇게 말한다. "철학이란 한마디로 '인간이란 무엇인가?'를 '생각'하는 학문이다. 조금 더 깊이 들어가 말하자면, 과학 등의 학문을 엮어 종합적으로 판단하는 학문이다. 이미 인간을 대신해서 생각할 수 있는 인공지능이나 머지않아 인간과 기계, 인공지능이 융합해 탄생하게 될 사이보그를 우리는 어떻게 받아들여야 할까? 과연 그들은 인간과 무엇이 다를까? 우리는 이 문제를 생각해야만 한다. 이처럼 기술의 진화는 우리에게 다시 한번 '인간이란 무엇인가?'라는 질문을 던진다."[4]

이 책은 기술의 발달 특히 다가오는 로봇시대에 야기될 '인간소외'

---

4 다카하시 도루, 『로봇시대에 불시착한 문과형 인간』, 김은혜 역, 한빛비즈, 2018, 9면.

문제를 시작으로 하여, 본론의 1단계에서는 이 책의 기본 관점으로서 인격개념 안에서 최첨단 기술 및 로봇시대를 설명한다. 즉 고전적 인격 개념의 이해를 바탕으로 다가오는 로봇시대에서 인격의 의미를 살펴본다. 나아가 로봇시대에 인간의 정체성 문제를 미래의 인간관 및 세계관을 토대로 고찰하며, 인격의 중요성을 되새긴다.

본론의 2단계는 인격의 중요성과 함께 인공지능 시대 및 로봇시대에 이야기될 수 있는 인격적 지위 문제(인공지능, 로봇)를 인격개념 안에서 파악한다. 즉 인공지능과 인격 그리고 로봇의 인간화를 통한 로봇의 인격적 지위 문제를 살핀다.

본론의 3단계는 로봇의 인간화 및 인간의 로봇화에 그 초점을 둔다. 두 편의 SF 영화(〈바이센테니얼 맨〉, 〈이퀄스〉)를 소개하며, 이를 통해 인간과 로봇의 차이 및 경계를 분명히 한다. 마지막으로 이 책은 로봇과 인간이 공존하는 시대를 지향하면서, 로봇시대에 인간의 정체성이 인격임을 선언한다.

차례

PART 3 새로운 미래, 로봇시대

로봇시대의
인간소외

제1장

기술의 발달과
인간소외

제4차 산업혁명 그리고 로봇시대에도 마찬가지로 인간의 소외는 고조되리라 본다. 기계를 통해 인간지능 및 마음의 복제를 꿈꾸는 일부 로봇공학자들의 이상처럼, 로봇과 인간의 동일시는 로봇의 인간화 그리고 인간의 로봇화(robotization)를 첨예화할 것이다. 그리고 그로 인해 인간의 주체성에 대한 혼란은 가중될 것이며 기계에 인간이 배제되는 극심한 인간소외가 초래되리라 예측한다.

제1장
기술의 발달과 인간소외

　로봇시대는 인공지능과 자동화, 스마트한 기계와 더불어 사는 시대를 말하는데, 그 시기가 정확히 언제라고 단정할 수는 없다. 제4차 산업혁명처럼 이미 시작되었다 말할 수 있고, 또는 로봇산업의 상용화를 고려할 때 아직 로봇시대라 부르기엔 많이 미흡하다 할 수 있다. 전체적이지는 않지만, 특정 분야에서는 이미 로봇과 인공지능이 우리 생활 영역으로 들어온 것은 분명한 사실이다. 예로서, '로봇청소기'를 들 수 있다. 예전에는 집안청소를 할 때 빗자루와 쓰레받기 같은 도구를 사용했는데, 디지털 시대에 청소하기 편한 진공청소기와 같은 전자기기가 등장하였고, 이어서 인공지능이 탑재된 무선의 로봇청소기가 출시되었다. 그리고 최근에는 스스로 판단이 가능한 스마트 청소기가 소비자의 눈길을 끌고 있다. 이 청소기는 기존 청소기와 달리 장애물에 걸리거나 틈새에 끼어도 스스로 탈출하며 멈추지 않고 청소를 진행하며, 360도 카메라로 방안을 매 초당 수십 장의 사진을 찍어 스스로 방안 지도를 만들고, 자기가 돌아다닐 길을 설계하도록 프로그래밍 됐다. 따라서 기계가 스스로 청소해야 하는 곳을 판단하게 된다. 이른바 초연결 초지능 시대의 진입이다. 우리 사회는 디지털미디어 시대로 접어들면서 1가구 1컴퓨터 시대의 정보시대를 예상했는데, 이제 제4차 산업혁명의 기점에서 1가구 1로봇의 로봇시대를 이야기하는 것이 무리가 아닌 듯싶다.

그런데 로봇시대에 인간은 행복할까? 행복을 '자신이 원하는 가치나 욕구가 충족되어 만족하거나 즐거움을 느끼는 상태,' 또는 '삶의 의미를 통해 가지는 만족감'이라 할 때, 로봇은 인간의 행복에 어떠한 역할을 할까? 로봇시대를 바라보고 기대하는 사람들은 이러한 질문에 어떤 대답을 할 것인가? 과학기술의 발전이 인류의 삶에 편리함과 풍요로움을 준 것은 사실이다. 하지만 과학기술이 낳은 부작용 또는 해로움을 체험하고 있는 현대인은 아마도 로봇시대의 로봇도 그러하리라 생각할 것이다. 즉 사람들은 데이터기술 및 인공지능의 발달에 의한 다양한 로봇들, 예를 들면 지능형 로봇, 서비스 로봇, 그리고 의료 로봇 등 여러 형태의 스마트 로봇들이 인간의 행복을 위한 도구가 되리라 믿으면서, 동시에 SF 영화에서 간간이 등장하는 로봇들처럼 로봇들이 인류의 파괴 또는 인간성의 상실과 같은 해를 가져올 수 있으리라는 약간의 두려움을 가지고 있다.

우리 인류는 산업혁명을 겪을 때마다, 즉 과학기술에 의한 큰 변화를 겪을 때마다 인간본질 문제의 갈등 및 혼란을 경험하였다. 산업 및 기술의 발달은 인간에게 수많은 편리함과 유용성을 줌과 동시에 무력감, 이질감, 분리, 또는 괴리와 같은 인간의 소외의식을 끊임없이 불러일으켰다. 사실 인간소외는 인류가 문화를 형성하기 시작하면서부터 행복을 지향하는 인간의 본질을 끊임없이 위협하는 실재였다. 우선 사회발달 과정에서 살펴보면, 인간은 나와 너 그리고 우리라는 공동생활과 함께, 토지를 경작하고 농사를 짓는 노동으로부터 시작하여 문화를 형성하였다. 그리고 너의 것과 나의 것에 대한 구별의 필요성과 욕구충족이 생겨남에 따라 사유재산 개념이 생겼고, 서로 다른 지방에서의 생산품이 자신들의 것과 구별되면서 자연스레 물물교환이 이루어졌다. 이러한 거래문화는 점차 인간노동이 상품생산을 위한 생산자들의 재산축적 및 이익추구를 위한 수단으로 전락하게 하였으며, 생산자들이 자신들의 상품으로부터 소외되는 현상 또는 노동 자체가 소외되는 일이 발생하였다. 그리고 기술발달에 의한 산업혁명이 일어나면서 상품의 대량화가 이루어졌고, 기계가 인간의 노동을 대체하면서 인간의 소외의식은 점차 고조되었다.

제3차 산업혁명이라 일컫는 컴퓨터 및 디지털 시대를 돌이켜보자. 계산의 속도가 빨라지고 다양한 정보를 제공하는 기계의 지능이 인간의 지능을 대체하면서, 인간은 점점 기계에 의존하게 되었고 인간의 주체성은 떨어지고 인간의 소외의식은 고조되었다.

1982년 앨빈 토플러의 『제3의 물결』이 베스트셀러가 되어 미래 시대의 변화에 주목할 때이다. 토플러 박사는 이 책에서 미래사회가 정보화 사회가 될 것이라고 예상했다. 그는 인류가 지금까지 농업혁명에 의한 제1의 물결, 산업혁명에 의한 제2의 물결이라는 대변혁의 물결을 경험했고, 1980년대 당시 제3의 물결에 의한 새로운 변혁에 직면해 있다고 지적했다. 토플러가 예견한 제3의 물결은 산업사회의 소외된 인간이 아닌 정보화 사회의 새로운 인간이었다. 새로운 인간은 지식과 정보를 기반으로 디지털 혁명을 가져오며, 인류 역사상 처음으로 인간성이 넘치는 문명을 이룬다는 것이었다. 하지만 그의 예측은 이루어지지 않았다. 지식과 정보의 새로운 인간은 토플러 박사의 예견대로 인간성이 넘치는 문명이 아니라, 오히려 과학과 문화 그리고 디지털 시대로부터 고립되고 분리되는 소외된 인간을 불러왔다.

　제4차 산업혁명 그리고 로봇시대에도 마찬가지로 인간의 소외는 고조되리라 본다. 갈수록 고도화된 자동화 기계와 융합기술 그리고 로봇은 인간의 일을 단순 대체함을 넘어 인간의 삶을 지배하는 주체로 등장하는 것을 배제할 수 없다. 기계가 인간의 삶을 지배하고 인간 또한 자신을 기계로 대체하는 인간의 기계화가 심화되면서, 로봇시대에 인간의 본질 문제에 대한 갈등 및 혼란은 다른 어떤 때보다 깊어질 것이다. 기계를 통해 인간지능 및 마음의 복제를 꿈꾸는 일부 로봇공학자들의 이상처럼, 로봇과 인간의 동일시는 로봇의 인간화 그리고 인간의 로봇화(robotization)를 첨예화할 것이다.[1] 그리고 그로 인해 인간의 주체성에 대한 혼란은 가중될 것이며 기계에 인간이 배제되는 극심한 인간소외가 초래되리라 예측한다.

　몇 년 전 사람의 형태를 한 인공지능 로봇이 등장하는 '휴먼스 Humans'라는 드라마가 영국에서 방영됐다. 휴먼스는 아름답고 멋있는 인간과 거의 흡사한 형태의 로봇이 사람들이 귀찮거나 꺼리는 일을 대신해 주며, 부모와 친구까지 되어줄 수 있다는 내용을 담았다. 휴먼스에서 가족의 보조역할을 하던 로봇이 점차 엄마의 역할을 대신하거나 남편의 역할을 대신하면서, 결국 인간이 로봇에 의해 배제되고 소외되었다. 비록 드라마였지만 로봇에 의해 소외되는 인간의 처지에 미래의 로봇시대가 차갑게 느껴진 바 있었다.

　로봇시대에 무슨 일이 있을지는 어느 누구도 한마디로 단정할 수 없다. 하지만 인간의 소외는 이미 발생하고 있는 진행형이며 로봇시대에는 분명 더 심화될 것이라 확신한다.

---

1 로봇의 인간화, 인간의 로봇화는 이 책의 주요 내용으로 주로 6~8장에서 다루어진다.

제2장

인간 몸의
기계화

제4차 산업혁명 그리고 로봇시대에도 마찬가지로 인간의 소외는 고조되리라 본다. 기계를 통해 인간지능 및 마음의 복제를 꿈꾸는 일부 로봇공학자들의 이상처럼, 로봇과 인간의 동일시는 로봇의 인간화 그리고 인간의 로봇화(robotization)를 첨예화할 것이다. 그리고 그로 인해 인간의 주체성에 대한 혼란은 가중될 것이며 기계에 인간이 배제되는 극심한 인간소외가 초래되리라 예측한다.

제2장
인간 몸의 기계화

　　로봇시대에 인격과 로봇의 관계성 안에서 가장 우선적으로 다가오는 인간소외 현상으로 인간 몸의 기계화를 언급하고 싶다. 인간 몸의 기계화는 우리 사회가 기술 및 과학의 시대를 열면서 나타나기 시작했다. 근대 이후 인간의 몸은 해부되고 관찰되면서 과학적 대상으로서의 몸이 되었다. 그래서 개개인의 신성한 영역의 장소인 몸의 내부가 의학 영상촬영(X-ray, CT, MRI 등)과 같은 기술로 다른 사람과의 공유가 가능하게 되었으며, 과학기술로 자신의 몸을 개조할 수도 있게 되었다. 어떤 의미에서 기술의 발달은 인간의 몸을 점차 기계로 그리고 기계의 부속품으로 전락시켰다. 그 결과 질병은 그런 기계의 고장이라 여겨졌고 고장 난 기계를 고치듯 사람의 몸을 고치는 것이 일반화되었다. 몸에 대한 그러한 사회적 인식은, 인간 몸의 고유성에 대한 진정한 의미를 퇴색시켰고, 과학기술의 발전으로 인간 몸의 기계화 또는 인간 몸의 소외는 갈수록 고조되었다.

　　제1~2차 산업혁명에서는 기계가 인간의 육체적 노동을 보완하고 대체했다. 그리고 제3차 산업혁명은 디지털 시대의 도래로서 기계가 인간의 지능을 보완하고 대체하였다. 즉 지난 산업혁명들은 어떻게 하면 기계가 인간의 육체 및 지능을 대체할 수 있는지가 주된 관심이었던 것이다. 그런데 지금의 4차 산업혁명은 어떠한가? 이제는 고도화된 인공지능 및 최첨단 기술의 융합으로 기계가 인간의 초월적 본성을 위협하는 위기에 있다. 이를테면, 스스로 학습하는 인공지능은 인간의 지능을 넘어 인간의 정신 및 뇌의 대체를 지향하며, 가상세계(Virtual Reality)나 증강현실(Augmented Reality) 그리고 몸체를 지닌 로봇은 인간의 몸을 대체할 전망이다. 결국, 4차 산업혁명의 첨단기술은 인간의 기계화를 더욱 첨예화시킬 것이다.

4차 산업혁명에서 인간은 스스로 기계화 또는 로봇화의 길을 걷게 되리라 전망한다. 스스로라는 것이 왠지 무력한 인간의 모습을 상기시키지만, 기본적으로 가지는 인간의 욕망이 그러하다. 인간은 어떤 대상을 향하고 그 대상을 닮고 나아가 그 대상과의 일체로 향하는 존재이다. 그래서 인간은 로봇을 인간화하고 자신 스스로 로봇이 되고자 하는 욕망을 가진다. 그래서인지 로봇의 발달과정을 보면, 로봇이 인간의 노동을 대체하고 인간의 필요를 충족시키는 도우미에서 인간의 사고를 하고 인간과 정서적 공감대를 나누는 로봇으로, 그리고 인간을 온전히 닮은 로봇으로 발전하고 있다. 이렇게 점차 진보하는 로봇의 발달과정은 어떤 의미에서 과학기술을 통해 인간의 욕망이 성취되는 과정이라고도 할 수 있겠다.

언제부터인가 인간은 생물학적 유기체로만 고정되어 살지 않고, 과학기술이 제공하는 수많은 '인공적인 것들' 또는 '기계'와 같이 살고 있다. 몸에 일시적으로 부착하는 간단한 장비에서부터, 인간의 몸에 영구히 설치하는 인공관절 및 전자 칩 등은 우리 모두가 일정 부분 '사이보그'Cyborg[1]라는 것을 입증한다. 사이보그는 사이버네틱 유기체(Cybernetic

1 사이보그는 '인간과 기계의 결합 또는 일체'라고 정의할 수 있다. 엄밀한 의미에서 인간의

Organism)[2]의 합성어라는 사실에서 알 수 있듯이 인간과 기계의 경계가 없는 완전히 통합된 세계이다. 이미 SF소설 및 영화에서는 사이보그가 일상화되어 있으며, 대표적인 SF영화로는 〈공각기동대〉, 〈터미네이터〉, 〈로보캅〉 등이 있다.

영화 〈터미네이터 4〉에 등장하는 마커스 라이트는 스카이넷에 의해 인간의 뇌와 심장이 기계에 이식되어 만들어진 터미네이터지만 사람의 자아의식을 갖추고 인간미를 느끼게 한다. 그는 지뢰 폭발로 부상당한 자신의 몸이 로봇으로 만들어진 것을 보고 절규하고, 이를 지켜보는 저항군 지도자 존 코너는 '너는 인간인가 로봇인가?'라 하며 혼란스러워한다.

2014년 영화 〈로보캅〉, 영화에서 나오는 로보캅은 스스로가 누구인지에 대해 기억해내려 노력하고, 자유의지로 명령에 응하지 않기도 하며 매우 인간적인 모습을 보여준다. 그러나 매일 밤 전기를 머리에 꽂아 충전해야만 하는 그의 몸은 기계로 만들어진 엄연한 로봇이다. 인간의 사고방식과 로봇의 기술이 결합한 그는 과연 무엇일까?

SF소설이나 영화에서의 사이보그는 아니지만 21세기 놀라운 기술 발전으로 인간이 기계와의 융합을 통해 인간본성을 뛰어 넘는 존재로서 '트랜스휴먼'이라는 말이 등장하였다. 인간의 몸을 여러 가지 기계로 대체하여 인간을 능가하는 수준으로 끌어 올리는 것인데, 이러한 기술이 실현된 지는 사실 오래되었다. 그런데 최근까지 이런 기계 장치들을 인간의 정체성에 대한 위기로 간주하는 사람은 없었다. 하지만, 오늘날 인공지능의 고도화에 대해 그리고 인공지능이 갖추게 될 로봇에

신체를 기계로 완전히 대체한 기계인간을 칭한다.

2 사이버네틱스는 인간과 기계 상호간의 정보처리 및 사람이나 동물의 몸 구조와 행동을 연구하는 학문의 총칭이다.

대해 기술의 고도화에 관심 있는 사람들은 위기감을 느끼고, 최첨단 기술을 인간의 정체성에 대한 도전으로 받아들이고 있다. 그 이유는 무엇인가? 정답일 수는 없겠지만 개인적으로 다음 세 가지로 대답하고자 한다.

첫째로 기술의 변화에 관심 있는 사람들은 가까운 미래에 로봇이 독립적으로 행위 가능한 인공지능 시스템이 될 것으로 전망한다. 알파고와 이세돌의 바둑대결에서 알파고의 스스로의 학습 및 심층학습에 대한 결과를 확인하면서, 사람들은 인간을 능가하는 기계의 자율성[3]을 처음 인지하게 된 것이다.

둘째로 로봇의 자율성 또는 로봇의 인간화는 로봇이 인간의 통제를 벗어날 수 있다는 생각이다. SF소설과 영화에서 자주 등장하는 일이기에 사람들은 힘과 능력을 가진 로봇의 통제에 매우 민감하다. 더욱이 여러 공학자 및 미래학자들이 언급한 기술적 특이점[4]은 인간의 통제를 벗어나는 로봇의 출현을 예측하게 한다.

세 번째로 인간의 기계화 또는 인간의 로봇화이다. 추후 다시 언급하겠지만, 『사피엔스』와 『호모데우스-미래의 역사』의 저자인 유발 하라리는 '미래에는 단순히 신체적 장애 때문이 아니라 좀 더 월등한 능력을 갖고 싶어 몸의 일부를 기계로 대체하는 포스트휴먼이 생겨날 것'이라고 전망했다. 그가 말하는 '호모데우스'에 대해서 필자를 포함한

---

3 기계에 부여하는 자율성은 인간의 본질적 자유와 달리, 계산의 목적을 스스로 선택하고 결정하는 공학적 의미의 자율성이다. 즉 인공지능 및 로봇이 사람의 개입 없이 현재 상태 및 센서 값을 기반으로 주어진 작업을 수행하는 능력이다.

4 첨단 융합기술이 기하급수적 속도로 발전하여 어느 지점에 이르면, 그때부터 전혀 예측할 수 없는 상황으로 전환되는데 바로 그 지점을 '특이점(singularity)'이라 부른다. 미래학자들은 2045년경을 기점으로 인공지능이 모든 영역에서 인간의 지능을 뛰어넘을 것으로 예측한다.

여러 사람들의 이견이 있지만, 적어도 기술의 변곡점이 가까운 미래에 있을 것이고 그 지점이 지나면 인간의 기계화는 극대화 되리라는 관점에 동조한다.

인간의 정체성과 관련하여 로봇의 지능화 및 로봇의 인간화도 중요하지만, 보다 중요한 것은 '인간의 기계화' 또는 '인간의 로봇화'라고 말하고 싶다. 인간의 기계화 및 로봇화는 생물학적 유기체가 사이버네틱 시스템으로 대체되고, 나아가 인간의 전통적 본성으로서의 지능 및 감정이 기계로 전락하는 것을 함의한다. 여기서 인간의 기계화는 의료 치료 및 신체적 보완을 넘어서서 인간 종種 자체의 증강 및 개조가 되는 것이다. 그리되면 인간의 기계화는 곧 인간성 및 인간의 자기 정체성 상실이 되지 않겠는가.

필자는 미술 분야를 잘 알지 못한다. 하지만 미술은 '인간성 및 세상의 표현'이며, 미술 작품을 통해 그 시대의 인간성과 세상이 파악된다고 알고 있다. 예를 들면 19세기 말 사진기가 대중화되기 시작했을 때 '회화는 죽었다'는 말이 있었는데, 그 이유는 세상을 있는 그대로 보여주고자 하는 당시 회화의 특징을 사진이 차지했기 때문이라고 한다.

필자가 인간의 기계화 및 로봇화에 깊이 숙고하고 있을 때, 동국대 교수 오원배 화가의 미술 전시회가 2017년 겨울에 있었다. 오원배 화가는 40년 이상 인간실존과 소외를 집요하게 파고들며 '고뇌하는 사람'을 주로 그려왔는데, 당시의 작품에서 처음으로 로봇을 통한 인간소외를 그렸다고 한다. 전체적인 흐름은 '인간의 기계화'인데, 인간의 본질 및 정체성 문제를 고민하는 한 화가의 외침을 느낄 수 있어서 소개한다.

오원배의 작품들 공장에서 일하는 인공지능로봇(AI)들이 큰
그림을 가득 채웠다. 사람이 설 자리 없는, 머지않은 미래를
예고하는 것 같다. 공장에서 일하는 AI로봇의 움직임과 기계
적인 인간 동작과 대조시켜 '이 시대에 인간실존'을 표현한다.
인간과 기계의 전도된 관계를 그려내며 '인간의 기계화'와 '기
계의 인간화'라는 시대적 문제를 정면으로 제기한다.

PART 1

인격과 로봇에 대한 기본이해

휴머노이드
로봇

휴머노이드(Humanoid) 로봇은 사람과의 상호교류를 지향하며 환경변화에 스스로 적응할 수 있는 인공지능 로봇이다. 현재 휴머노이드 로봇은 인간과 로봇이 서로 교감하고 소통하는 쌍방향 로봇으로 진화하고 있다. 미래기술의 불확실성 안에서 휴머노이드 로봇개발의 속도를 예측할 수는 없지만, 휴머노이드 로봇은 점차 나노 및 바이오기술과의 융합으로 '인간과 같은' 뜻의 안드로이드(Android)를 지향하고 있다.

제3장
휴머노이드 로봇

1. 로봇의 기본이해

먼저 로봇이란 무엇이며 로봇이 어떻게 발달해 왔는지 간략히 살펴본다. 로봇의 정의는 시대적으로 변천하는데 보통 다음 두 가지로 함축된다. 첫째는, 1960년 초반에 출시된 로봇의 형태로 로봇은 인간이 하는 어떤 작업이나 조작을 자동으로 하는 기계장치이다. 자동화 시스템이라 할 수 있는데, 로봇은 소프트웨어적으로 프로그램이 가능한, 즉 인간에게 프로그래밍 되어 여러 가지 연속 동작이 가능한 자동화 시스템이다. 달리 말하면, 미리 정해진 규칙 및 보유한 능력에 의해 주어진 일을 스스로 처리하는 기계로 자유로운 움직임이 가능하며, 주로 산업 현장에서 일하는 자동화 시스템을 로봇이라 칭한다.

다음으로, 1970년대 이후의 로봇으로서 로봇은 지능 및 몸체를 지닌 여러 형태의 로봇 그리고 인간형 로봇으로 진화한다. 그래서 로봇이란 지능과 몸체를 지니며 스스로 움직이는 기계 또는 인간을 닮은 지능 및 외골격을 갖춘, 즉 얼굴, 팔·다리, 몸통을 가진 기계라고 정의할 수 있다.

'로봇Robot'이란 용어의 어원은 '노동'이라는 뜻의 체코어인 'robota'로, 체코슬로바키아의 카렐 차펙Carel Capek(1890~1938)이 1921년에 발표한 희곡 〈로섬의 만능로봇(Rossum's Universal Robots)〉에서 처음으로 사용되었다. 그래서 로봇은 반복되고 단순하고 힘든 일을 대체하는 의미가 강하였다. 하지만 과학기술의 끊임없는 발달로 로봇의 기능 및 역할은 갈수록 전문적이고 다양해졌다. 로봇의 외형적인 모습도 단순함에서 점점 복잡하고 다양한 형태를 지니게 되었다.

외관상으로 볼 때, 로봇은 두 가지 모습을 지닌다. 하나는 인간의 외형과는 무관하게 어떤 작업이나 조작을 자동으로 행하는 기계장치 또는 지능형 로봇이다. 예로서, 드론, 자율주행차, 의료로봇, 그리고 여러 형태의 군사용 로봇 등이 있다. 다른 하나는 사람들에게 보다 관심의 대상이 되는 인간형 로봇이다. 인간형 로봇은 휴머노이드 로봇과 같이 인간의 외형을 닮는다. 인간처럼 걷고 말하며 인간과 유사한 얼굴, 팔·다리, 몸통을 가진 기계장치, 즉 '인간과 같다'는 뜻의 안드로이드[1](로봇)이다. 흔히 안드로이드는 공상과학 소설이나 영화(〈스타워즈〉, 〈에일리언〉, 〈터미네이터〉 등)에 등장하는 인조인간을 칭하는데, 오늘날 휴머노이드 로봇은 점차 나노 및 바이오기술과의 융합으로 안드로이드를 지향하고 있다.

인간을 닮은 로봇들이 이전에는 상상 속의 기계로만 치부되었는데, 오늘날 첨단과학기술에 의한 로봇기술로 인간의 지능과 인간의 감성을 나타내는 로봇이 조금씩 현실 세계에 등장하면서, 그동안 별 관심이 없었던 로봇의 외모가 이제는 '로봇이 인간의 외모와 같을 필요가

---

1 그리스어 $\alpha\nu\acute{\eta}\rho$(anĕr, man)의 파생단어인 $\alpha\nu\delta\rho\acute{o}\varsigma$를 어원으로 하며, 그 의미는 '인간과 같은'이다.

있을까?'하고 묻게 된다. 그래서인지 일본 오사카 대학교 히로시 이시구로 연구팀이 개발한 안드로이드 배우 '제미노이드 F'가 공개되었을 때, 그리고 2016년 중국의 미녀로봇 '가가佳佳'가 중국 전통의상을 입고 인조인간 모습으로 사람들에게 첫 선을 보였을 때 약간의 이질감 또는 부담감을 느꼈다. 또한, 홍콩의 핸슨 로보틱스가 개발한 로봇 '소피아'가 2018년 한국에 왔을 때 한복을 입고 있는 모습이 보기 좋았지만, 보면 볼수록 그의 인간적 외모는 부담스러웠다. 물론 필자와 다르게 많은 사람이 소피아의 있는 그대로의 모습에 즐거워하고 친밀감을 느꼈으리라 생각한다.

참고로, 1970년 일본의 로봇공학자 마사히로 모리Masahiro Mori가 소개한 '불쾌한 골짜기(Uncanny Valley)' 이론이 있다. '불쾌한 골짜기' 이론은 로봇이 점점 사람의 모습과 흡사해질수록 인간이 로봇에 대해 느끼는 호감도가 증가하다가 어느 정도에 도달하게 되면 갑자기 강한 거부감으로 바뀌게 된다는 이론이다. 하지만 로봇의 외모와 행동이 인간과 거의 구별이 불가능할 정도가 되면 호감도는 다시 증가해 인간 사이에서 느끼는 감정의 수준까지 도달하게 된다는 것이다. 이러한 호감도의 변화를 설명한 그래프를 보면, 로봇이 인간과 60~70% 닮을 때까지는 로봇에 대한 호감도가 증가하다가, 인간과 거의 비슷해지는 70~90% 구간이 되면 갑자기 강한 거부감을 가진다. 그리고 거부감, 즉 깊은 공포심에 빠지는 이 구간이 이른바 '불쾌한 골짜기'이다. 하지만 로봇이 실제 인간과 구별이 안 될 정도로 완벽하게 닮으면 이런 혐오감이 다시 사라져 보다 큰 긍정으로 바뀐다. 이런 현상은 3D 컴퓨터 애니메이션에서도 나타남을 알 수 있다.[2]

2 https://ko.wikipedia.org/wiki/불쾌한골짜기.

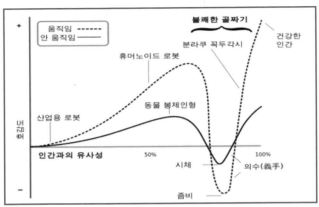

불쾌한 골짜기(uncanny valley) **마사히로 모리의 이론에 따른 인간과의 유사성(human likeness)과 인간이 느끼는 호감도(familiarity) 그래프**

마사히로 모리의 이론이 시사하는 바가 크다. 그의 이론을 모두가 공감하지는 않지만, 인간이 인간을 닮은 다른 대상을 만들거나 인간을 닮은 로봇을 만드는 것에 대한 주의를 로봇산업에 던지고 있다. 그의 이론에 따르면 인간을 닮은 로봇을 만드는 것이 어쩌면 불쾌한 골짜기에 이르는 길임을 말하며, 만약에 정말로 인간과 구별이 불가능한 로봇의 외모가 만들어진다면 그것 또한 로봇과 인간의 관계성에 있어서 치명적일 것임을 함의한다.

필자는 '불쾌한 골짜기(Uncanny Valley)' 이론을 숙고하면서, 로봇이 인간을 어느 정도 닮아야 할지, 로봇이 인간을 닮을 필요가 있는지, 그리고 로봇공학자들의 이상이라 할 수 있는 인조인간의 탄생에 대한 의문에 다다르게 되었다.

사실 로봇과 인간의 경계는 이 책의 주요 내용이다. 지금은 로봇의 외적인 부분에 대해서 간략히 언급하지만, 점차 인간의 본성 및 실존적 차원에서 인간과 로봇의 경계와 차이를 구명할 것이다.

로봇의 발달과정

로봇의 간략한 역사를 보면, 1960년대 초 인간의 노동을 도울 수 있는 가장 단순한 형태의 산업용 로봇(용접 로봇, 물품이송 로봇, 조립 로봇 등)이 개발되었다. 이후 로봇은 제조업 및 산업 자동화 분야에서 프로그램이 가능한 기능과 자동화 장치, 그리고 여러 각도로 움직임이 가능한 기계장치로 다양하게 발전해왔다. 산업용 로봇은 처음에는 사람들이 처리하기에 어렵고 위험한 부분, 예를 들면 자동차 공장에서의 위험한 용접이나 프레스 과정을 처리하는 것을 대체하였다. 그리고 갈수록 기술이 발전하고 생산성의 향상을 목표로 하는 산업현장의 요구에 따라, 로봇의 움직이는 속도는 빨라졌고 일 처리의 정밀성은 고도화되었다.

산업용 로봇과 함께 자연스레 군사용 로봇이 발달하였다. 공장이나 산업현장에서 위험한 일을 로봇으로 대체한 것처럼 군사작전 수행에 있어서 안정성과 효율성으로 군사용 로봇이 개발되었다. 예로서, 지난 아프가니스탄과 이라크 전쟁에서 보여준 로봇 개념의 무기들이다. 정찰탐지용 로봇 그리고 무인 항공 로봇 등 사람이 투입되기 힘든 현지에서 주어진 임무를 수행하도록 제작된 로봇들이었다. 카메라와 GPS 기능 등을 탑재해 낮과 밤을 가리지 않고 전시 및 현장 상황을 파악해 실시간으로 작전본부의 소프트웨어로 전송했다.

하지만 군사용 로봇은 어떤 의미에서 인류의 위협이다. 특히 킬러로봇[3]과 같은 전투로봇의 등장은 인류 파멸이라는 두려움을 가지게 한

---

3 킬러로봇(Killer Robot)이란 공격용 전투 로봇을 말한다. 일반적인 무기와 달리 인공지능 기술을 활용해 목표물을 추적·공격할 수 있는 것이 특징이다. 넓은 의미에서 군사로봇(Military Robot)에 포함된 자동화 무기(Autonomous Weapons)를 의미하며, 이를 통틀어 치명적인 자동화 무기 체계(LAWS, Lethal Autonomous Weapons Systems) 혹은 자율 살상 무기라 부르기도 한다. 사람의 개입 없이 스스로 판단해 공격할 수 있다면 킬러로봇으로 분류한다.

다. 현재 가장 널리 알려진 군사용 로봇은 폭발물 제거 로봇(팩봇)과 드론이며, 그밖에 여러 형태의 전투용 로봇(견마로봇, 탱크로봇, 군집로봇 등)이 있다. 최근 급속히 진보한 인공지능 및 최첨단기술을 감안하면 미래 군사용 로봇의 위력은 대단할 것으로 예측된다.

한편, 1990년대에 들어와서 로봇은 서비스용으로 확대되었다. 서비스용 로봇은 '국제로봇연맹'의 정의에 의하면 '제조 작업을 제외한 인간과 장비에 유용한 서비스를 제공하는 반자동 또는 완전자동으로 작동하는 로봇'이다. 로봇이 점점 우리의 삶에 가까이 자리함이라 하겠다. 서비스용 로봇은 인간의 삶에 편의성과 유용성을 체감하게 한다. 예로서, 한 뮤직비디오에서 가수 겸 배우의 일상적인 생활이 나온다. 로봇이 칫솔에 치약을 발라주고 양치질도 대신 해주며, 토스트도 알아서 구워준다. 복잡하고 바쁜 생활 속에서 서비스용 로봇의 역할은 누구나에게 환영받을 수밖에 없다.

서비스용 로봇은 개인용 로봇과 전문용 로봇으로 나눌 수 있다. 개인용 로봇은 개인의 삶의 질을 높이기 위한 지원서비스로 가사, 노인, 오락, 교육과 같은 분야에서의 로봇이다. 전문용 로봇은 공공서비스와 같은 풍요로운 사회문화에 도움을 주는 로봇, 의료용 로봇, 그리고 재난극복과 같은 사회 유지에 필요한 로봇들이다. 여러 서비스용 로봇에서 현재 국내 로봇 분야에서 가장 두드러진 모습을 보이는 곳은 아마도 의료분야로 보인다. 로봇수술은 이미 병원마다 위암, 전립선암, 간암 등을 중심으로 연간 1천여 건 이상의 수술이 집도되고 있으며 갈수록 다양하고 고도화될 전망이다. 의료로봇은 수술뿐 아니라 다양한 영역의 의료 서비스, 이를테면 로봇 재활치료실을 개설하고 상지재활로봇

인터넷 다음백과, "킬러로봇," https://100.daum.net/encyclopedia/view/47XXXXXXd292

과 하지재활로봇을 도입하여 지역주민을 대상으로 재활 의료서비스를
제공한다.

21세기에 들어서면서 로봇은 더욱 진화되어 지능형 로봇이라는 용
어가 나왔다. 우리나라에서도 2005년에 산업자원부의 지능형 로봇 사
업단은 '지능형 로봇'의 개념이 필요하다고 보고 이에 대한 정의를 다
음과 같이 하였다. 지능형 로봇은 "외부환경을 인식(Perception, 감지)하
고 스스로 상황을 판단(Cognition, 인지)하여 자율적으로 동작(Mobility
& Manipulation)하는 로봇"이다. 한마디로, 지능형 로봇이란 주위에 대
한 상황을 감지 및 인지하여 스스로 작동하는 기계이며, 기존의 로봇에
서 진보하여 로봇기술의 융·복합화를 통해 지능화된 서비스를 창출하
는 로봇이다. 즉 인공지능(Artificial Intelligence) 로봇이다. 인공지능 로
봇은 기계가 사람의 지능을 따라가는 인공지능 기술에, 물리력의 작용
이 가능한 몸체로서 하드웨어가 합쳐진 것이다. 오늘날 인공지능 로봇
은 인간이 할 수 있는 사고, 학습, 자기계발 등을 로봇이 스스로 할 수
있음을 함의한다.

일반적으로 인공지능 로봇은 약 인공지능 로봇(Weak AI Robot) 그
리고 강 인공지능 로봇(Strong AI Robot) 두 가지 유형으로 구분한다. 약
인공지능 로봇은 프로그래밍 알고리즘으로 연산 기능을 최적화하고 인
간의 인지능력을 모사한다. 현재의 기술로 구현 가능한 로봇이다. 그
리고 강 인공지능 로봇은 미래로봇을 상징하며, 기술의 발달로 로봇이
스스로 작동하는 인공지능 시스템을 구축한 것이다. SF소설이나 영화
를 통해서 친숙한 로봇이며 인간처럼 사고하고 행동하며 인간의 능력
을 초월하는 로봇이다.[4]

---

4 강 인공지능은 인간의 모든 일을 처리하고 모든 면에서 인간을 능가할 것이라 하여 범용

2. 인간형(휴머노이드, Humanoid) 로봇

안드로이드 로봇은 인간을 닮은, 즉 인간형 로봇을 말한다. 그런데 최근에 휴머노이드 로봇이라는 용어를 사용한다. 휴머노이드(human, 인간+oid, ~과 같은 것)는 말의 의미상으로는 안드로이드(andro, 사람+oid, ~과 같은)와 별 차이가 없이 인간형 로봇이다.

안드로이드라는 용어는 1270년 알베르투스 마그누스에게까지 거슬러 올라가며, 1886년 프랑스의 작가 오귀스트 드 비예르 드 빌라당의 소설 『미래의 이브』에 등장하여 널리 알려지게 되었다. 안드로이드는 과거 SF소설작품들의 영향에 의해 기계 로봇보다는 원형질로 배양해 피부와 장기조직까지 진짜 사람과 유사하게 만든 인조인간을 지칭하는 개념으로 많이 사용되었다.[5]

휴머노이드는 1867년 진화론에 따른 인간을 닮은 동물의 모습으로 최초 사용된 것으로 보이는데, 로봇에게 적용한 것은 세계 최초 휴머노이드 로봇이라 일컬었던 1973년 일본의 와세다 대학교 가토 이치로 교수팀이 선보인 와봇 1호(WABOT-1)로 파악된다.[6] 이후 인간의 외형을 닮고 인간의 지능 및 특성을 보여주는 로봇을 휴머노이드 로봇이라 부르고 있다.

필자는 SF소설이나 영화에서 등장한 인조인간이나 로봇처럼 인간을 온전히 닮은 어떤 실재의 포괄적 개념으로서 안드로이드라는 용어를 이해하고, 최근에 발전하고 있는 로봇개발에서 인간의 모습 및 행위

인공지능(AGI, Artificial General Intelligence)이라 불린다.

5 https://ko.wikipedia.org/wiki/안드로이드(로봇).

6 와봇 1은 두 발로 걸을 수는 있었으나 머뭇거리며 겨우 몇 걸음 떼는 정도였고, 미리 입력된 간단한 질문에 답할 수 있는 수준이었다. 1984년에는 파이프오르간 연주용으로 만들어진 와봇 2가 개발되었다.

를 모방하는 로봇의 총체를 휴머노이드 로봇으로 규정한다.

휴머노이드 로봇

1973년 처음 출시된 휴머노이드 로봇(와봇 1호)은 두 발로 걷는 것과 미리 입력된 간단한 질문에 답하는 언어능력을 보였다. 이렇게 시작된 휴머노이드 로봇은 최근에 빅데이터 및 인공지능기술의 발달로 급격한 성장을 이루고 있다. 인간의 모습을 지닌 로봇이 인간의 지능 및 인간의 감성을 지니는 방향으로 나아감으로써, 로봇이 단순히 인간의 일을 대체하는 기계를 넘어 인간과의 공존이라는 로봇시대를 부르고 있다.

만약 로봇이 인간 역할의 대행과 지능의 대행을 넘어 사람과 감정의 공유까지 이뤄진다면, 우리는 그러한 로봇을 한시라도 빨리 구해서 자신의 곁에 두고자 할 것이다. 최근에 TV 드라마에서 사람 같은 로봇 이야기를 다루는 주제들이 종종 나오고 있는데, 그중에 하나로 2017년 12월 방영된 〈로봇이 아니야〉라는 드라마가 있었다. 주인공 여성이 로봇도 되고 사람도 되는 1인 2역을 하였는데, 그 여성의 가장 가까이에 있었던 주인공 남성도 자신의 로봇이 인간이었음을 알아차리지 못하는 내용이었다. 기술의 정교함이 인간의 인지 및 지성을 넘어선다는 내용이었다. 어쩌면 인간의 기술로는 그러한 로봇의 개발이 영원히 불가할 수 있겠지만, 사람들은 하루빨리 〈로봇이 아니야〉의 로봇 '아지 3'처럼, 친밀하고 똑똑하고 아름다운 스마트 로봇이 우리 곁에 있었으면 한다. 상상이 현실이 되고 꿈이 이루어지는 것이 사실이지만, 과연 우리들의 상상 속에서 존재하는 로봇의 모습이 미래에 모두 이루어질 수 있을까?

미래학자들은 NBIC(나노기술(NT), 바이오기술(BT), 정보통신기술

(ICT), 인지과학(CT))융합기술의 발전으로 인해 2020년경 인간과 기계의 경계가 허물어지기 시작할 것이며,[7] 2030년에는 기계의 지능이 인간의 지능을 능가하기 시작하는 특이점에 도달하고 현실과 가상의 경계가 사라져 시공간적 한계가 허물어질 것으로 예측한 바 있다.[8] 또한, 2040년 인체의 일부를 기계로 대체하는 트랜스휴먼이 일반화되는 시대도 전망했다. 과연 이러한 예측들이 얼마나 실현될 수 있을까? 어느 정도는 맞겠지만 기술의 발달 또는 우리의 상상이 금방 현실로 이루어지지는 않을 것이다. 하지만 오늘날 학자들의 공통된 관점에 주목할 필요가 있다. 그것은 현대기술의 급속한 전개는 기계가 인간의 통제를 벗어날 수 있는 기술의 특이점을 향해 놀랍게 진보하고 있다는 것이다.

이제 휴머노이드 로봇에 대해 간략하게 살펴본다. 휴머노이드 로봇은 인간의 기본적 외형인 머리, 팔·다리, 몸통을 가졌으며, 인간과 같이 말하고 걷고 감정을 느끼고 더 나아가 인간처럼 사고하는 로봇이다. 휴머노이드 로봇은 사람과의 상호교류를 지향하며 환경변화에 스스로 적응할 수 있는 인공지능 로봇이다. 처음에 출시된 휴머노이드 로봇은 한 방향, 즉 사람의 표정이나 억양으로 감정을 인지한 후 그에 대응하여 입력된 반응만을 표출하는 단계에 그쳤다. 하지만 점차 휴머노이드 로봇은 인간과 로봇이 서로 교감하고 소통하는 쌍방향 로봇으로 진화하고 있다.

2014년 6월에 일본의 소프트뱅크에서 공개한 세계 최초의 감성 인

---

7 특이점의 주장자 버너 빈지(Vernor Vinge)는 특이점의 시작을 데이터베이스의 기반에 인공지능 기술의 진보 및 인간 지능의 확장으로 설명하면서, 새로운 첨단기술과 융합한 인공지능의 고도화로 예측했다.
8 존 조던(John M. Jordan), 『로봇수업』, 장진호 외 옮김, 사이언스북스, 2018, 34면.

식 퍼스널 로봇 '페퍼Pepper'가 대표적 사례이다. 페퍼는 세계 최초의 감정인식 로봇으로 인공지능을 통해 인간과 대화할 수 있다. 내장된 카메라와 센서를 통해 입력된 정보를 처리해 일차원적인 반응이 아닌 독자적인 감정을 만들어내며, 주변에 아는 사람이 있으면 편안해하고 칭찬을 받으면 행복해하는 등의 감정을 표현한다. 페퍼는 사람이 말하는 내용을 알아듣고 답해줄 수 있으며 때로는 농담을 건네기도 하는 인간과 교감하고 소통하는 쌍방향 로봇이다.

2015년 4월 홍콩의 로봇 제조사 핸슨 로보틱스Hanson Robotics사도 딥러닝 기술을 이용하여 감정을 표현하는 로봇 '소피아Sophia'를 개발하였다. 소피아는 사람과 매우 유사한 생김새를 하고 있으면서도 62종류의 표정 연출이 가능하며, 눈에 내장된 카메라와 알고리즘을 통해 사람과의 눈 맞춤을 하며 상호대화도 가능하다. 또한, 인공지능 및 딥러닝 기술이 탑재돼 있어 상대방의 반응(reaction)과 표정, 말 등을 기억해 대화를 거듭할수록 더욱 똑똑한 답변이 가능하다.

2016년 중국에서 사람의 모습을 그대로 재현하여 개발된 로봇 '가가佳佳(JiaJia)'는 "안녕하세요. 저는 가가('아름다운')입니다."라고 주위에 몰려든 사람들에게 인사를 건넸다. 가가는 "사진을 찍기 위해 너무 가까이 접근하지 마세요. 제 얼굴이 너무 크게 보일 수 있어요"라는 말도 하였다. 가가의 개발자는 안구가 자연스럽게 움직이고 입술 움직임과 조화롭게 말을 할 수 있는 점이 가가의 특징이라고 소개했었다.

앞으로 여러 형태의 지능형 로봇이 연구되고 출시되어 인간과의 공존을 이루겠지만, 그중에 휴머노이드 로봇은 다른 어떤 로봇보다 인간의 본성 및 정체성에 긴밀히 연계되리라 본다. 휴머노이드 로봇은 인간의 지성과 감성을 모사하는데, 최근 인공지능의 급속한 발전은 가까운 미래의 휴머노이드 로봇을 기대하게 한다. 특히 초지능, 초연결 그리고 4차 산업혁명 최첨단기술들의 융합이 로봇공학에 어느 정도 영향을 미칠지 그래서 얼마나 진보된 휴머노이드 로봇을 출현시킬지 궁금하다.

한편, 로봇 이상주의자들은 로봇과 인간의 경계가 곧 허물어질 것으로 기대한다. '소피아'의 개발자인 데이비드 핸슨은 인간과 로봇이 구분되지 않는 세상이 올 것이며, 로봇과 대화하며 친구처럼 어울리는 일이 정말 얼마 남지 않은 가까운 미래라고 선언했다. 이와는 반대로, 어떤 공학자들은 인간이 만든 로봇에 의해 인간이 종속될 수 있다는 미래에 대한 부정적 예고의 목소리를 내고 있다. 이를테면 SF소설이나 영화에서 언급되는 '디스토피아Dystopia'적 미래관이다. 디스토피아는 '유토피아'(미래에 있어 모든 사람이 행복한 세상)의 반대말로, 모든 사람이 불행한 세상을 일컫는다.

미래기술의 불확실성 안에서 휴머노이드 로봇개발의 속도를 예측할 수는 없다. 하지만 인간의 정체성과 연계하여 볼 때, 고도화된 휴머노이드 로봇이 개발될수록 인간의 본성 및 인간의 자기 정체성의 위기는 커질 것으로 전망된다.

3. 우리나라의 휴머노이드 로봇[9]

국내에서 최초의 휴머노이드 로봇은 1999년 KAIST에서 개발된

---

9 국내의 휴머노이드에 대해서는 간단한 소개의 목적으로, 인터넷 다음백과의 내용을 요약 정리하였다.

'센토'이다. 머리는 사람, 몸통은 말의 모양을 가진 휴머노이드로 어린이 정도의 지능을 가지고 있으며, 1kg 정도의 물건을 들 수 있었다. 이후 2001년에 최초로 사람 몸통을 한 로봇인 '아미'가 개발되었다. 그러나 이때까지의 휴머노이드 로봇은 사람처럼 두 발로 직립보행하는 형태가 아니었다. 2004년 KAIST에서 '휴보'가 개발되고, 그 이듬해인 2005년에 KIST에서 '마루'가 발표되면서 우리나라에서도 본격적인 직립보행 휴머노이드의 장이 열리게 되었다.

휴보의 탄생

휴보HUBO는 휴머노이드와 로봇의 합성어로, 2004년 12월 한국과학기술원(KAIST) 기계공학과 오준호 교수팀이 발표한 인간형 로봇이다. 2000년 일본의 혼다사社가 개발 기간 15년을 거쳐 휴머노이드 로봇 '아시모'를 발표한 후, 국내 로봇연구팀의 관심이 증대되었고 KAIST 연구팀은 2002년부터 시작하여 개발 3년 만에 휴보를 출시하였다.[10]

카이스트는 로봇의 몸통 및 하체 타입(KHR-1)을 시작해서 사지와 머리를 갖춘 온전한 형체(KHR-2), 그리고 거기에 운동성능을 보강(KHR-3)한 후, 휴머노이드라 일컫는 휴보(HUBO, KHR-4)를 2004년 개발하였다. 휴보의 키는 120cm, 총 무게는 55kg, 관절 모터가 41개가 사용되어지며, 손가락 5개가 별도로 움직여 손가락으로 '가위, 바위, 보'도 할 수 있고, 손목에 실리는 힘을 감지하여 악수할 때 적당한 힘으로 손을 아래위로 흔들기도 한다. 보행속도는 시속 1.3km이고 가슴 내장형 배터리를 장착하여 한 번 충전으로 60분간 움직일 수 있으며, 41

---

10 2002년부터 시작된 카이스트의 휴보시리즈(HUBO series)이다: KHR-1, KHR-2, HUBO, ALBERT HUBO, HUBO FX-1, HUBO-2, DRC-HUBO, DRC-HUBO-2.

KHR-3   알버트 휴보(Albert HUBO)   휴보(Hubo, KHR-4)

개의 관절모터를 이용하여 몸을 자연스럽게 움직이고 사람과 춤도 출
수 있다. 이후 카이스트는 미국 인공지능 로봇 제조사인 한슨 로보틱스
사(社)와 협력하여 휴머노이드 로봇 알버트 휴보Albert HUBO를 개발했는데,
알버트 휴보는 아인슈타인의 얼굴로 웃음, 슬픔, 화남 등 여러 표정을
나타낸다. 인간과 같은 얼굴이기에 사람과 비슷한 행동 프로그램을 로
봇에 넣어 사람이 악수할 때 유연한 반응을 보이게 한 사례이다.

그 후 2008년에는 휴보에서 발전된 HUBO-2가 발표되었는데, 가
장 큰 차이점으로는 기존에 걷기만 하던 로봇이 뛸 수 있게 되었다는
것이다. HUBO-2가 처음으로 주행에 성공한 것이다. 키는 120cm이고
총 무게는 45kg으로 가슴 내장형 배터리를 장착하고 있으며 한 번 충
전으로 120분간 움직일 수 있다. 보행속도는 시속 1.5km이고, 주행속
도는 시속 3.6km이다.

다음은 재난용 로봇 DRC 휴보2이다. DRC 휴보2는 2015년 6월 5
일부터 미국 캘리포니아에서 열린 세계 재난로봇 경진대회(DRC,
DARPA Robotics Challenge)[11]에 참가하여 우승했다. 대회에서는 기준치

---

11 DARPA 로봇공학 챌린지는 미국 국방성 산하 방위고등연구계획국(DARPA, Defense
   Advanced Research Projects Agency)이 주최하는 대회로, 2011년 일본 후쿠시마 원전
   사고를 계기로 만들어졌다.

이상의 방사능이 나오는 원자력 재난현장에서
사람 대신 임무를 수행할 수 있는 재난로봇을
선정하는데, DRC 휴보2는 키 168cm, 몸무게
80kg, 그리고 팔 길이를 늘이고 32개의 자유도
로 작업효율을 높이며 우수한 능력을 선보였다.

DRC 휴보2

　　DRC 휴보2는 레이저 스캐너와 광각 카메
라를 이용하여 주변 환경을 3D매핑할 수 있
고, 가슴부분에 고성능 컴퓨터 2대가 탑재되어 시각정보 처리를 이전
모델보다 비약적으로 향상시켰다. 또 재질 자체를 플라스틱 소재에서
튼튼한 알루미늄 합금으로 바꾸어 강도를 높였다. 허리부분은 자세측
정 센서를 이용하여 스스로 자신의 상태를 체크하고, 손가락 수를 5개
에서 3개로 줄여 더 강한 힘을 낼 수 있도록 했다. 세 손가락은 밸브를
돌리고, 전동공구를 다루고, 무거운 장애물을 치울 때 더욱 유리하였
다. 다리부분은 무릎 아래와 뒤꿈치에 바퀴를 채용, 필요한 경우 언제
든 바퀴주행으로 이동방식을 변경할 수 있었다. DRC를 위하여 제작된
DRC 휴보2는 대회의 총 8가지 미션(차량운전, 차량하차, 문열고 들어가
기, 밸브 잠그기, 전동공구로 벽 뚫기, 플러그 꼽기, 장애물 돌파, 계단 오르기)
을 모두 우수하게 완수하며 최종 우승자로 선정되었다.[12]

마루(Mahru) 와 아라(Ahra)

　　마루Mahru와 아라Ahra로봇은 2005년 1월 1일 KIST에서 만든 네트워
크에 바탕을 둔 인간형 로봇 및 식모 로봇이다. 마루와 아라는 키

---

12 사람이 직접 수행하면 쉬운 일이지만 로봇이 하려면 모든 알고리즘을 다 만들어야 한다.
　　즉 사람이 원격제어해서 매우 높은 상위레벨 영역만 주면 나머지는 모두 로봇이 자율적
　　으로 판단하여 임무를 수행하는 것이다.

마루와 아라(Mahru & Ahra)

150cm, 무게 67kg에 사람처럼 머리와 몸통, 팔다리 등으로 구성돼 있고, 미리 입력된 주인의 얼굴 이미지를 인식해 주인을 알아본다. 또 기존의 로봇이 독립형인 데 비해 무선으로 연결돼 있어 지능을 지속적으로 향상시킬 수 있다. 마루와 아라는 6대의 일반 컴퓨터로 이루어진 외부서버와 무선으로 데이터를 주고받을 수 있으며 전자레인지, 세탁기, 토스터 등을 켤 수 있다. 로봇의 두뇌의 역할은 외부컴퓨터가 맡고, 동작은 로봇이 주위 상황을 인식하여 그 자료를 무선 네트워크로 외부 서버에 보내면 외부 서버에서 처리한 결과를 다시 로봇이 받아서 작동하게 된다. 영상·음성·동작은 물론, 물체를 인식하는 기능과 사람을 알아보는 능력까지 가지고 있다. 또 전후좌우 및 대각선으로 걸을 수 있고, 손목에 힘과 비틀림을 감지할 수 있는 센서가 있어 사람과 자연스럽게 악수를 할 수도 있다. 그밖에 혼자 할 수 없는 일들을 서로 도와 해결하거나, 하나의 임무를 분담해 처리할 수 있는 능력도 있다.

마루는 '정상, 높은 곳' 등을 뜻하는 순우리말로 한국 로봇의 높은 기술 수준을 희망하는 의미를 담고 있다. 또 아라는 '주인을 알아보는 로봇'이라는 뜻을 담기 위해 '알아'의 음을 빌린 것이다.

키보(KIBO)

키보KIBO는 한국과학기술연구원(KIST)에서 개발한 로봇으로 2011년 공개되었다. 앞서 소개한 안드로이드(로봇)의 사람 얼굴처럼 실제 사람의 얼굴을 가지고 있지는 않지만, 웃고, 울고, 찡그리는 표정과 실시간 립

키보(KIBO)   키보(KIBO)의 구조

싱크 기능이 눈여겨 볼 수 있는 특징이다. 휴보와 같은 휴머노이드 로봇들은 걷고 뛰고 계단을 오르는 등 이족보행을 위한 동작을 강조했다면, 키보는 휴머노이드의 인간 친화형을 강조하여 최대한 친근하게 느껴질 수 있게 상호교류를 강조한다. 120㎝의 키에 48㎏의 몸무게를 가진 키보는 현재 인간의 표정에 따라 반응할 수 있는 수준까지는 아니지만, 카메라와 초음파 센서를 이용하여 사람의 위치 와 움직임, 목소리 방향을 알아챌 수 있어 사람에게 다가와 인사를 나누고 악수를 건네는 행동을 할 수 있다.

똘망(THOR-MANG)

똘망THOR-MANG은 ㈜로보티즈의 엑츄에이터(로봇 구동장치)로 만든 휴머노이드 로봇으로, 지난 DRC 세계 재난로봇 경진대회에서 버지니아공대, 펜실베이니아대와 방산업체 Harris와 팀을 이루어 출전해 예선 9위를 차지하여 본선에 진출하였고, 2015년 6월 최종 결선에서 12위(SNU 똘망)와 15위(㈜로보티즈 똘망)를 차지하였다. 키 150cm, 몸무게

49kg으로 외부 환경을 인지하여 6-axis force-torque sensor, FSR sensor, INS sensor, LIDAR, HD Camera 등을 장착하고 대회에 참가하였다. 똘망의 가장 큰 특징으로는 모듈화(Modularization)이다.

로봇의 모듈화란 로봇에 필요한 다양한 부품들을 모두 하나의 패키지 안에 담는 것이다. 그래서 패키지화된 모듈을 레고 블록처럼 그냥 이어 붙여서 조립만 하면 로봇이 되게 하는 것이다. 일단 모듈을 잘 만들기만 하면 어떤 형태의 로봇이라도 쉽고 빠르게 만들 수 있다. 또한, 임무 수행 도중 특정 부분에 고장이 발생하면 그 부분을 떼어서 갈아 끼우면 된다. 실제 재난 환경에서 사용되기에도 좋은 것이 모듈형의 장점이다.

찰리(CHALI)-2

똘망에 이어 ㈜로보티즈의 엑츄에이터(로봇 구동장치)를 이용한 휴머노이드 로봇으로 찰리가 있다. 이 로봇은 한국인의 손으로 만들어진 미국 최초의 휴머노이드 로봇으로 불리운다. 한국인 과학자 데니스 홍에 의해서 만들어진 로봇이다. 키 150cm, 몸무게 12kg으로 기존의 휴머노이드 로봇보다 4분의 1 정도로 가볍게 제작되었고, '자연모방기술'을 이용하여 로봇이 걸을 때마다 딱딱 끊어지는 현상을 개선, 부드러운 관절제어를 위해 용수철과 같은 탄성이 있는 부품을 사용하여 개발한 제품으로 소개되었다. 찰리는 2011년 7월 세계로봇월드컵(로보컵) 종목별 결승에서 우승을 차지하였다.

로이(ROY)

국내에서 퍼포먼스를 위한 목적으로 개발된 휴머노이드 로봇으로

ROY가 있다. ROY는 ㈜이산솔루션에서 개발한 로봇으로 키 150cm, 무게 35kg의 고정형 퍼포먼스 로봇이다. 머리부 3dofDegrees of Freedom, 팔 6dof, 손가락 4dof, 허리 3dof로 구성되어 있다. ROY는 기존 퍼포먼스 로봇들이 고가로 형성되어 있다는 점을 감안하여, 가격 경쟁력을 고려하여 모듈화 방식으로 개발되었다. 각각의 파트(머리, 팔, 손, 몸통)를 모듈로 조합이 가능한 개념으로 제작된 로봇이다.

카이스트(KAIST) 휴머노이드 로봇 연구 실험실

'백문이 불여일견'이라는 말을 교훈 삼아 국내의 휴머노이드 로봇연구실 중 한 군데로 카이스트 휴머노이드 로봇 연구의 일부분을 소개한다.[13]

먼저, 상호교감 로봇연구이다. 사람과 로봇이 어떻게 서로 커뮤니케이션 할 것인지의 상호교감을 연구한다. 로봇은 로봇에 들어가는 카메라에서 사람의 얼굴을 인식하고 그 다음에 감정이 어떤 상황인지, 즉 화를 내는지 행복한지 무서워하는지 알 수 있는 기술이다. 한마디로 사람의 표정 패턴을 알고리즘해서 감정을 읽어내는 로봇을 개발한다.

다음은 메디컬(의료) 로봇연구이다. 일명 정밀수술(Microsurgery)

---

13 카이스트에서 오랫동안 로봇공학 연구에 전념하신 권동수 교수께서 2018년 당시의 로봇 연구 실험실의 일부분을 소개한 내용이다.

로봇이라 불리는 이 로봇은 매우 정밀한 수술이 필요한 안구 수술 또는 매우 가느다란 핏줄의 봉합처럼 눈으로 확인할 수 없고 사람의 접근이 힘든 어려운 수술을 위해 개발되고 있다. 또한, 입안으로도 들어갈 수도 있고 배꼽으로 들어갈 수 있어서 환자들의 수술 부위를 최소화하고 수술을 할 수 있는 로봇도 계속 개발 중이다.

다음은 햅틱스Haptics 그리고 액추에이터Actuator 기술 연구이다.

햅틱스Haptics는 촉감(Haptic)을 만들어내는 연구이며, 조그마한 액추에이터Actuator는 사람의 피부를 자극하여 어떤 느낌 및 압력을 만들어내는 그런 기술이다. 이를테면 수술 로봇이 사람의 어떤 장기를 닿을 때 장기가 딱딱한지 부드러운지도 의사들이 느끼게 하면서 수술을 할 수 있는 기술이다. 그리고 이러한 기술이 발전되어 시각장애인들의 점자책을 대신하는, 즉 촉감 및 터치로 시각장애인들이 진짜로 느낄 수 있는 햅틱패드(전자 태블릿 패드)를 개발한다.

로봇시대에
인격의 의미

인격은 인간이라는 종에 속한다는 이유로 얻게 되는 고유성과 가치를 의미하며, 인격은 이성적 본성을 지닌 구체적이며 개별적이고 자립적인 하나의 실체로서 인격적 몸이다. 그리고 인격적 몸은 육체와 영혼으로 구성된 하나의 실체, 즉 '인격체'로서 자신만의 기억과 체험 그리고 자유를 실현하는 고유성을 지닌다.

제4장

로봇시대에 인격의 의미

1. 새로운 시대와 인간의 정체성

기술의 발달이 인간의 삶에 미치는 영향중에서 인간의 정체성에 대한 문제가 제기되면 늘 필자의 마음에서 꿈틀거리는 질문이 있다. 그것은 '멈출 수 없는가?'이다. 과학기술의 발달을 멈출 수 없는가? 물론 대답은 '멈출 수 없음'이다. 인간의 본성이 바뀌지 않는 한 편리함과 유용성을 제공하는 과학의 진보는 결코 인간의 욕망을 멈추게 할 수 없다.

로봇시대에 대한 인간의 욕망은 이미 오랜 옛날부터 시작되었다. 자연에 순응해 온 인류는 주인의 명령에 두말없이 복종하는 존재를 동경해 왔다. 이러한 인간의 욕망은 먼저 인간의 상상력으로 표출되었다. 인간은 오래전부터 인간을 닮은 존재 및 생명체를 꿈꾸었다. 그리고 그 꿈은 결국 문학 안에서 프랑켄슈타인 괴물과 수많은 인조인간을 창조하였다. 또한, 인간의 욕망은 인간의 지식을 통한 기술의 발달로 나타났다. 인간은 사람과 비슷한 모양과 기능을 가진 자동인형(automata)[1]을 만들기 시작하였고, 사람의 신체기능을 대신하는 자동기계장치, 그리

---

1 자동인형 '오토마타'는 '자동'을 의미하는 그리스어 '$αὐτόματα$'에서 유래하였다. 오토마타는 자동으로 움직이는 장치로, 자체 동력으로 작동하는 뻐꾸기시계나 오르골 등을 가장 흔한 예로 들 수 있다.

고 로봇을 만들었다.

　역사의 흐름 안에서 기술의 발달을 크게 세 가지로 나누어 보면, 첫 번째는 농경시대에 사용되었던 여러 형태의 도구의 시대이다. 이 시대는 수렵이나 농경에 필요한 기구처럼 인간의 손과 발 그리고 육체적 노동을 보완하는 기술시대이다. 두 번째는 1~2차 산업혁명 시대이다. 이 시대는 우리가 말하는 기계의 시대이며 기계가 인간의 신체기능 전반을 보완하고 대신한다. 세 번째는 3~4차 산업혁명으로 컴퓨터 및 인공지능 시대이다. 기계가 인간지능을 모방하고 보완함을 넘어서 결국 인간의 지능을 앞서는 시대이다. 지금은 기계가 인간의 능력을 앞서는 것은 연산기능과 데이터 처리 등 특정영역에 한정되어 있지만, 갈수록 기계의 능력은 인간의 모든 능력을 초월할 것이다.

　앞으로 로봇시대를 앞두고, 과거 및 현재의 산업혁명 과정을 통하여 우리가 부정할 수 없는 사실이 있다. 그것은 인간의 욕망은 앞서 언급한 것처럼 기술의 발달로 나타난다는 것이다. 즉 인간의 욕망은 기술을 통하여 표출된다. 그리고 더 중요한 것은 그 기술의 모델이 바로 인간 자신이라는 것이다. 인간은 스스로 자신이 가장 월등하다고 믿어서인지, 인간자신을 모델로 기술을 발전시켜왔다. 농경시대에는 손과 발이 기술의 모델이었으며, 1~2차 산업혁명 시대에는 인간의 신체기능 전반이 기계장치의 모델이 되었다. 그리고 3~4차 산업혁명 시대에는 인간 본질의 중추적 역할이라 할 수 있는 인간 뇌의 구조 및 신경세포의 기능 그리고 인공 신경막이 컴퓨터 및 인공지능의 모델이 되었다.

　그렇다면 로봇시대를 지향하는 오늘날 인간의 무엇이 미래 기술의 모델이 되겠는가? 인간의 신체 및 두뇌까지 기술의 모델이 되었는데 아직도 인간에게 남은 부분이 있는가? 매우 조심스럽지만 이제 남은 것은 인간의 마음이 아닌가 싶다.

기술의 발달과정에서 보았듯이 미래의 로봇시대는 자연의 섭리처럼 그냥 주어진 것이 아니다. 로봇시대는 인간을 닮은 존재를 만들고자 하는 인간의 욕망이 실현되는 장場이 될 것이다. 어떤 의미에서 로봇시대는 인간을 닮은 존재를 만들어 온 욕망의 끝처럼 다가온다. 그래서 다가오는 로봇시대가 물 잔을 가득 채우는 시대일지, 물 잔에 물이 넘치는 시대가 될지, 아니면 새로운 욕망을 채우는 새 잔의 시대가 될지 궁금하다. 여기서 물 잔을 가득 채우는 시대는 인간의 삶에 대한 로봇의 풍요로운 공존이며, 물 잔에 물이 넘치는 시대는 인간의 마음까지 인공적으로 얻으려는 과욕의 발상이며, 새로운 욕망의 새 잔의 시대는 트랜스휴먼을 넘어서는 포스트휴먼을 상징한다.[2]

21세기 놀라운 기술 발전과 함께 트랜스휴먼Transhuman이라는 말이 등장하였다. 트랜스휴먼은 인간이 규정한 인간의 본성을 위협하거나 뛰어넘는 인간존재의 상태를 말한다. 달리 말하면 인간이 기계와의 융합이나 결합을 통해, 본래 인간의 본성보다 뛰어나고 강한 실재로서 존재함을 의미한다. 실제로 과학 및 의료기술은 인간의 손, 팔, 다리 등 여러 신체기관을 기계로 대체하고 있다. 즉 인공수족이나 인공신장 그리고 인공장기 등이 일부 상용화에 진입한 것이다. 또한 인간의 두뇌와 컴퓨터를 연결해 뇌신경 신호를 활용하거나 외부로부터 정보를 유입해 인간의 사유능력을 증강하는 '인터페이스(BCI, Brain-Computer Interface)'기술도 활발히 진행되고 있다.

트랜스휴먼은 과학과 기술이 이제 인간의 삶과 인간의 능력을 향

---

2 필자의 개인적인 은유적 표현임을 밝힌다.

상하는 데 그치지 않고 인간의 조건 자체를 변화시키고 있음에 우리는 주목해야 한다. 21세기 이전까지의 과학기술이 인간의 신체기능 일부를 중점적으로 개발하고 그 능력을 향상시켰다면, 최근 인공지능 및 새로운 융합기술은 인간의 조건, 즉 인간의 본성에 대한 변화를 시도한다. 적절한 실례가 될 수 있을지 모르겠지만, 어린아이가 처음에는 기어 다니다가 점차 일어나고 넘어지고의 반복을 통해 아장아장 걸어 다닌다. 이러한 과정이 인간의 조건인데, 과학기술은 이러한 자연적인 인간의 본성을 인간과 기계의 융합으로 어린아이가 바로 걸어 다니고 뛰어다니고 말할 수 있는 새로운 인간의 조건을 만들고자 한다.

트랜스휴머니스트 닉 보스트롬Nick Bostrom은 휴머니즘과 트랜스휴머니즘의 차이점에 대해 트랜스휴머니즘은 휴머니즘의 확장인데, 다른 점은 과학기술을 통해 인간의 무한한 가능성을 적극적으로 개발한다는 것이라고 한다. 생물학적인 자연스런 진화에 내맡기지 않고 과학적이며 적극적으로 인간한계를 넘어 더 나은 인간조건을 만들어나가는 것이다. 그에 의하면 인간존재는 '휴먼(현생인류)-트랜스휴먼-포스트휴먼'의 단계로 변화하며, 포스트휴먼의 단계에 이르면 그 존재는 더 이상 현생인류로서의 인간이라 할 수 없는 새로운 존재라는 것이다.

1998년 제정됐고 2009년 최종 개정된 트랜스휴머니스트 선언문의 첫 문장은 '인간성이 장차 과학과 기술에 의해 근본적인 부분까지 영향을' 받는다는 것이다. 인간성의 근본적인 부분을 어디까지로 규정했는지는 모르나, 과학기술에 의해 인간의 지적, 육체적, 심리적 능력이 향상되면 인간성 침해의 문제는 그만큼 깊어진다는 의미로 파악된다.

트랜스휴머니스트 선언(1998 제정; 2009 개정)

1. 인간성은 장차 과학과 기술에 의해 근본적인 부분까지 영향을 받을 것이다. 우리는 노화, 인지적 결함, 불의의 고통을 극복하고 지구의 한계를 벗어남으로써 인간의 잠재력을 확장할 수 있을 것으로 기대한다.

2. 우리는 인간성의 잠재력이 아직도 대부분 실현되지 않았다고 믿는다. 인간의 조건을 멋지고 대단히 가치 있는 것으로 향상시킬 수 있는 시나리오들이 있다.

3. 우리는 인간성이 심각한 위험들, 특히 새로운 기술들의 오용에서 비롯하는 위험들에 직면하고 있음을 안다. 우리가 가치 있다고 여기는 것들 대부분, 심지어 전부를 상실하게 되는 시나리오들이 현실이 될 수도 있다. 이 시나리오들 가운데는 급격한 변화를 수반하는 것도 있고 부지불식간에 다가오는 것도 있다. 모든 진보는 변화에서 비롯하지만 그렇다고 해서 모든 변화가 진보를 불러오는 것은 아니다.

4. 이런 전망들을 이해하기 위해 연구역량을 쏟아부을 필요가 있다. 우리는 위험을 줄이고 이로운 응용을 촉진하는 가장 좋은 방법이 무엇인지 신중하게 숙고할 필요가 있다. 또한 사람들이 무엇을 해야 할지를 건설적으로 토론할 수 있는 포럼과 책임 있는 결정들을 실행할 수 있는 사회질서가 필요하다.

5. 생존의 위험을 줄이는 것과 생명과 건강을 보존할 수단들을 개발하는 일, 심각한 고통을 경감하고 인간의 예지와 지혜를 개선하는 일은 최우선으로 추구되어야 하고, 이런 일들에는 전폭적인 재정지원이

이루어져야 한다.

6. 정책 입안은 책임 있고 포괄적인 도덕적 전망에 따라, 기회와 위험을 동시에 진지하게 고려하고, 자율과 개인의 권리를 존중하며, 전 지구의 모든 사람들의 이익과 존엄성을 고려하는 연대를 보여주면서 이루어져한다. 또한 우리는 미래에 존재할 세대를 향한 도덕적 책임도 고려해야만 한다.

7. 우리는 인간과 인간 아닌 동물, 그리고 미래의 모든 인공적 지능체, 변형 생명체, 또는 기술과 과학의 진보로 인해 등장하게 될지도 모르는 여타의 지성적 존재를 포함해서 감정을 가진 모든 존재의 행복(well-being)을 옹호한다.

8. 우리는 개인이 자신의 삶을 살아가는 방식에 대해 독자적으로 선택할 수 있는 폭을 넓히는 것에 찬성한다. 여기에는 기억, 집중력, 정신력을 보조하기 위해 개발될 기술의 사용을 비롯해서, 생명연장 시술, 생식에 관한 선택 기술, 인체 냉동보존술, 그리고 인간 변형 및 능력 향상을 위한 여타의 가능한 기술들이 포함된다.[3]

1) 포스트휴먼(PostHuman)

기술변화를 예측하는 공학자 및 미래학자들은 첨단 융합기술이 기하급수적 속도로 발전하여 어느 지점에 이르면, 그때부터 전혀 예측할 수 없는 상황으로 전환되는데 바로 그 지점을 '특이점(singularity)'이라 부른다.[4] 그리고 그들은 2045년경을 기점으로 인공지능이 인간의 지능

---

3 http://humanityplus.org/philosophy/transhumanist-declaration.
4 레이 커즈와일은 자신의 저서 『특이점이 온다(Singularity Is Near)』에서 특이점으로 인간 진화를 설명했다. 레이 커즈와일은 2020년대 말이면 컴퓨터가 인간 수준의 지능에 도달할 것이라고도 주장하며, 이 시점을 특이점(Singularity)이라고 규정한다. 그는 특이점을 통해 우리 인간 조건의 변화를 예측했다. "특이점을 통해 우리는 생물학적 몸과 뇌의 한계

을 뛰어넘고 예측할 수 없는 미래가 올 것으로 예측하며, 그 시점이 지나면 인간 이후의 존재자, 즉 '포스트휴먼'이 생겨날 것으로 본다.

포스트휴먼은 건강, 수명, 인지능력, 정서 등과 같은 일반적인 능력에서 새로운 기술적 수단을 통해 현재 획득할 수 있는 최대치를 훨씬 능가하는 능력을 보유한 존재로 정의된다. 즉 포스트휴먼은 인간과 기계가 융합하는 상태를 말하는 트랜스휴먼에서 특이점 이후 크게 변화되는 인간의 본성 및 모든 조건을 함의한다. 그래서 포스트휴먼에 대한 규정은 특이점에 이르는 과학기술의 발전 정도에 달려있다. 미래학자들이 언급하는 특이점, 즉 인공지능이 인간의 지능을 능가하고 나아가 인공지능이 또 다른 인공지능을 생산하며, 그로써 기계가 인간을 조정 또는 지배한다면, 포스트휴먼의 미래는 예측불능의 상태로 여겨진다. 기술에 의한 인간 진화는 자연적 진화와는 전혀 다른 차원의 진화과정이므로, 사람들은 다가오는 포스트휴먼의 현상 및 실체가 어떠할지에 대해 의문을 가지며 묻는다. 지금의 우리 자신과 포스트휴먼 시대의 우리 자신은 어떠한 차이가 있는가? 나의 기억이 인공지능으로 대체된다면 또는 인공지능이 나의 기억을 가져간다면, 둘 다 진짜인가? 유기체적 몸과 인공적 몸의 차이는 무엇인가? 고도화된 인공지능이 과연 인간 뇌의 모든 영역을 대체할 수 있는가? 만약 대체 가능하다면 기계의 지능과 인간의 뇌는 무엇이 다르다 할 수 있는가?

『사피엔스』와 『호모데우스-미래의 역사』의 저자인 유발 하라리는 '미래에는 단순히 신체적 장애 때문이 아니라 좀 더 월등한 능력을 갖

를 극복할 수 있을 것이다. 우리는 운명을 지배할 수 있는 힘을 얻게 될 것이다. 죽음도 제어할 수 있게 될 것이다. 원하는 만큼 살 수 있을 것이다(영원히 살게 되리라는 것과는 약간 다른 말이다)." 레이 커즈와일, 『특이점이 온다(Singularity Is Near)』, 김명남·장시형 옮김, 김영사, 2007, 26면.

고 싶어 몸의 일부를 기계로 대체하는 포스트휴먼이 생겨날 것'이라고 전망하는데, 그의 전망은 다시 한 번 '인간은 무엇인가?'라는 질문을 던지게 한다. 유발 하라리가 언급한 호모데우스란 '신이 된 인간'이라는 뜻으로, 생명공학 및 인공지능 기술과 같은 첨단 융합기술을 통해 불멸과 행복이라는 인간 존재의 목표를 달성하여 인간 스스로 신과 같은 존재가 된 것을 의미한다.[5] 그는 인류의 역사는 이제 유전공학, 재생의학, 나노기술 등의 새로운 기술로 인간을 업그레이드하여 신이 되게 하는 과정으로 흘러갈 것이며, 새로운 미래에는 최첨단 과학기술 및 데이터교가 호모데우스 곧 초인간을 창조할 것임을 예고한다.[6]

그런데 유발 하라리가 말하는 것처럼 새로운 미래에 인간의 불멸성이 가능하며 기술이 인간의 행복을 담보할 수 있는가? 이에 대해 필자는 부정적이다. 그 이유는, 전통적인 인간이해인 인간의 영혼, 자유의지, 자의식, 그리고 인간경험 등이 무시되고 나아가 인정되지 않는 유물론적 환원주의의 입장이 계속해서 세계의 지배의식으로 자리하지 않을 것으로 파악하기 때문이다. 유물론적 환원주의는 과학기술의 산물이며, 그것은 모든 것을 물리적 법칙 또는 화학적 법칙으로 이해하고, 생명을 기계적인 메커니즘으로 파악한다. 유발 하라리는 이러한 과학기술이 새로운 미래에는 역사적 주체가 되리라 전망하는데, 과학기술은 세계와 인간의 자연적 법칙을 결코 넘을 수 없으리라는 것이 개인적 판단이다. 그럼에도 불구하고, 만약에 고도화된 기술에 의해 호모데

---

5 '신이 된 인간'에서의 신의 의미는 그리스도교의 인격적 신의 개념이 아니라 새로운 기술에 의한 인간 개개인의 인간조건의 변화(영생, 데이터교, 행복)를 말한다.
6 '데이터교'는 우주가 데이터의 흐름으로 이루어져 있고, 인류는 확장된 데이터 처리 시스템으로 모든 것을 통제하고, 인간은 거대한 시스템 안에서 작은 칩이 되어 모든 정보를 처리하는 신과 같이 된다는 데이터 기반의 새로운 종교적 이념이다. 유발 하라리, 『호모데우스-미래의 역사』, 김영사, 2017, 69, 503~542면.

우스가 출현한다면 어떻게 될까? 그때에는 더 이상 호모사피엔스로서의 현 인류는 존재하지 않을 가능성이 크다. 만약 유발 하라리가 언급한 호모데우스-되기(영생, 데이터교, 행복)가 가능해진다면, 유발 하라리도 언급했듯이 적어도 그것은 소수의 사람이나 엘리트 계층에 한정될 것이며, 그리될 때 인류의 미래는 지배층으로 자리하는 호모데우스-되기의 손에 맡겨지고, 호모사피엔스는 호모데우스의 필요성에 의해 기계로 전락하거나 점차 사라지게 될 것이다. 따라서 필자는 호모데우스의 등장은 인간에게 축복이 될 수 없다고 믿으며, 그러한 믿음을 우리 인류가 자각하는 것이 무엇보다 중요하다고 생각한다.

인류의 사상사를 보면, 인간이라는 개념이 시대와 문화 및 여러 학문의 영역에 따라 다양하게 규명되면서도 인간의 본질에 대한 이해에 대해서는 일관성이 유지됨을 알 수 있다. 그런데 20세기 이후 과학기술의 발전으로 일관성이 있었던 인간개념 이해는 갈수록 모호함을 주고 있다. 실제로 현대과학은 인간-생명체-기계를 동일시하며 모든 현상을 과학의 법칙에 의존하는 기계적 유물론과 과학적 환원주의로 인간을 분석한다. 특히 최근에는 기술과 과학의 힘이 커지면서 인간의 외부적 속성뿐만 아니라 내적 속성까지도 물질의 원리로 파악한다. 이를 테면 인간의 사고는 정교한 알고리즘으로 구성된 복잡한 기계적 신경회로망을 통해 발생하는 하나의 현상으로 더 이상 인간의 고유한 가치로 간주되지 않는다.

이제 인류는 과학기술을 이용해 우리의 몸과 뇌 그리고 정신을 공학적으로 개조할 뿐 아니라, 인공생명을 만드는 시대로 진입하고 있다. 이러한 과학기술의 흐름은 막을 수 없겠지만, 적어도 인공지능 및 인공생명이 인간일 수 없음을 천명하고 지금까지 그래왔듯이 앞으로도 우리 인간은 스스로 인간의 정체성을 지킬 수 있는 길로 나아가야 할 것이다. 과학의 진보는 인간의 본질적 구성요소를 점차 필연에서 우연으로 전락시키고 있으나, 인간 생명의 신비는 인간의 이성 및 과학의 영역을 초월하고 있음을 우리는 기억해야 한다.

인간의 삶에 과학과 기술은 매우 중요한 요소임에 틀림없다. 앞서 언급했듯이 과학기술은 인간의 자기성취 및 인간의 욕망이 실현되게 한다. 하지만 기술의 한계 및 기술이 가져오는 파괴력은 역사적 교훈임을 우리는 자각해야 한다. 따라서 과학기술의 진보, 이를테면 인간의 사이보그화나 강 인공지능 로봇의 출현에 있어서는 보다 신중한 자세가 필요하다. 기술의 발달에 따른 포스트휴먼은 자연스러운 미래의 현상일 수 있다. 그러나 인간의 본질적 문제인 불멸, 기계적 행복, 그리고 인공 뇌를 소유한 미래의 인간, 즉 유발 하라리의 호모데우스 되기는 잘못된 기술의 방향이라는 것이다. 기술 자체의 흐름은 막을 수 없으나 기술의 잘못된 응용에 있어서 특히 인간의 본질 문제에 있어서 우리는 보다 예민하고 현명한 판단을 해야 할 것이다. 비록 기술의 방향이 인간의 변모를 유도할지라도, 인간은 스스로 '아바타'가 되고 스스로 '사이보그'가 되는 길을 선택하지 않으리라 믿는다.

기술의 가속화가 빨라지는 만큼 우리는 보다 자주 어떠한 방법으로 인간의 정체성을 유지할 것인지 끊임없이 묻고 연구해야 할 것이다. 하이데거는 인간이 특별한 이유는 자신이 유한한 존재임을 알고 자신을 대상으로 물을 수 있는 초월적 존재이며, 미래에 자신의 존재를 기획하며 타인 및 세계에 자신을 개방하기 때문이라고 하였다.

2) 가상현실과 증강현실 ─ 세계관의 변화

인간은 세계 내 존재한다. 인간이 세계 안에서 존재함은 자신의 원의와 상관없이 주어지며, 세계는 인간이 실존할 수 있는 활동의 장이다. 일반적으로 세계는 우주(cosmos)라는 공간에서 실재하는 모든 것들의 총체를 의미한다. 인류의 역사 안에서 세계 이해는 크게 두 가지로 구분된다.[7] 첫째는 객관적 우주론적 세계 개념으로 세계는 질서정연하며 고정된 법칙으로 움직인다. 홍수나 화산폭발과 같은 자연적 재해로 인한 움직임과 변화는 거대한 세계질서 안에 있는 일시적 현상이며, 인간을 포함한 모든 피조물은 고정된 세계의 기본질서에 순응한다. 이 객관적 우주론적 세계관 속에서 인간은 수동적 위치를 점유하며, 비록 유한한 존재지만 자연법칙을 거스르지 않는 한에서 자연 사물들을 의식주를 위한 수단으로 활용하며 삶을 영위한다. 이러한 세계 이해는 고대로부터 중세에 이르기까지 당연시되었으며, 이 시대에 세계는 객관적 인식대상으로서 자연 세계 또는 우주 세계이다.

다음으로 과학적·역사적 세계 개념으로 세계가 정적으로 고정불변하는 포괄적 실재로서의 우주로부터가 아니라, 자유로운 인간의 행동으로 말미암은 역사로부터 파악된다. 근세 이래 자연과학적으로 '코페르니쿠스적 전환'이 그리고 사상적으로는 '인간학적 전환'이 일면서, 세계는 결코 정적으로 불변하는 실재가 아니라 약동적으로 개방된 세계로 머문다. 이 시대부터 인간의 세계는 일차적 자연 세계와 이차적이고 삼차적인 문화 세계, 그리고 외부 세력으로부터 자신을 분리시키는 주체로서의 역사적인 세계이다. 인간은 자신이 지니는 현실적 인식의

---

7 세계 개념을 객관적 우주론적 세계 개념과 역사-존재론적 세계 개념으로 구명하는 심상태의 설명을 참조한다. 심상태, 『인간: 신학적 인간학 입문』, 서광사, 1989, 34~37면.

직접적 대상 세계보다 훨씬 광범한 실재를 지향하며 미지의 새로운 세계로 개방되어 있다.

한편 세계관은 인간이 세계를 바라보는 관점, 즉 어떤 지식이나 가치를 가지고 세계를 근본적으로 인식하는 방식이나 틀이다. 세계관은 큰 틀에서 앞에서 두 가지로 구분했는데, 세계관의 중요성은 개별 인간과 사회에 미치는 엄청난 힘이다. 이를테면, 세계관은 한 개인의 가치관 및 인격성 형성에 큰 영향을 미치며, 세계관에 따라 사회 안에서 인간관계 및 환경이 바뀔 수 있으며, 그리고 세계관은 사회의 문화적 특징과 본질을 위협한다.

20세기 후반 디지털 시대에 이르러 '사이버 세계'가 등장하였다. 사이버 세계는 말 그대로 인터넷상에서 가공된 세계(fictional world)이다. 가공세계架空世界는 현실세계와 다른 사건 또는 요소들로 설정된 상상 또는 허구의 세계이다. 때로는 작품 속 가공의 등장인물과 사건을 제외하면 현실세계와 거의 구별할 수 없는 가상공간의 세계이며, 다른 한편으로는 현실세계와 전혀 닮지 않는 허구로서의 공간이다.

사이버 세계는 물리적 제한이 없으며, 현재의 세계에 있으면서 과거와 미래로의 움직임이 가능하기에, 시공을 초월하여 자기만족을 취하고자 하는 인간의 욕구를 충족시킨다. 사이버 세계는 비록 가상의 세계이지만 인간의 의식작용은 사이버 공간에서 실제세계와 같은 체험을 일으킨다. 또한, 사이버 이용자는 가상의 세계에서 또 다른 '자아'를 형성할 수 있다. 가상의 공간에서 채팅하고 게임을 즐기며, 때론 아바타를 이용해 현실의 자아를 대신하는 새로운 자아를 통해 사이버 세계에서 자신의 창조 활동을 실현한다. 이렇게 인간은 사이버 공간에서 자유로운 자기표현을 하고 다양한 활동이나 참여를 통해 자신의 만족도를 높이고 자기실현의 기회로 삼지만, 그러나 사이버 세계는 인간 정체성의 위기를 초래한다. 예로서, 인간 존재는 하나의 자아를 형성하는데, 가상의 세계에서 인간은 또 다른 자아를 가짐으로써, 인간은 스스로 인간 본질에 대한 주체성을 잃을 수 있다. 또한 시간과 공간이라는 물리적 개념도 사이버 세계에서 과거와 미래로 자유롭게 이동하면서, 현재의 중요성 '지금 그리고 여기'라는 현실세계가 쉽게 간과될 수 있다.

제4차 산업혁명 시대에 가상세계는 더욱 심각하게 인간 정체성의 위기를 초래한다. 이전의 사이버 세계는 어느 정도 현실세계와 가상세계의 구분이 가능했는데, 최근 과학 기술의 진보는 그 경계를 무너뜨리기 시작하면서, 우리 사회 안에 보편적으로 인지되어 온 세계관에 변화를 초래하고 있다. 이를테면 하이데거가 정의하는 세계는 존재자의 총체, 어느 특정한 존재의 영역, 인간의 삶이 이루어지고 있는 자리, 그리고 세계에 대한 인간의 존재 양식으로서의 세계성이다.[8] 그런데 최근의 과학 기술이 창출하는 새로운 공간 및 다양한 세계에 대한 우리 사회의 접근성은 기존의 세계관과 인간 정체성의 위기를 초래한다.

제4차 산업혁명이 창출하는 가상의 세계를 뒷받침하는 신기술로서 대중들의 많은 선호도를 얻고 있는 새로운 기술은 가상현실(Virtual Reality)과 증강현실(Argumented Reality)이다. 그리고 최근에는 가상현실과 증강현실이 융합된 혼합현실(Mixed Reality)과 이러한 가상의 세계를 모두 아우르는 개념으로 확장현실(Extended Reality)이 있다.

2019년 프로야구 개막전에서 거대한 비룡飛龍이 야구장에 날아들었고, 비룡은 야구장을 돌아다니며 자신을 과시하고 야구장 한가운데

---

8 하이데거, 『존재와 시간』, 전양범 옮김, 동서문화사, 2016, 96면.

서 날개를 쭉 뻗고 불을 내뿜었다. 한 통신업체가 만든 증강현실 기술이다. 가상의 이미지를 현실 세계에 융합시킨 기술로 TV 중계와 야구장 전광판 화면을 통해 볼 수 있었다.[9] 실제 야구장과 존재하지 않는 용의 이미지를 자연스럽게 융합하여 실제처럼 느끼게 하는 신기술로, 최근 세계적 행사에 빠지지 않고 등장하는 듯싶다.

고도화된 신기술은 현실처럼 다가오는 가상의 세계를 구성하고 현실의 세계에 가상의 실재 및 이미지를 융합하여 새로운 세계를 구현한다. 가상의 세계는 시·공간의 제약을 벗어나 미지의 세계를 꿈꾸는 인간의 이상 중 하나이다. 이를테면, 아름다운 하와이의 섬 해변을 걷는 대신 컴퓨터 화면만으로 해변의 풍경을 즐기며, 스킨스쿠버와 같은 장비 없이 신비로운 바다 속 전경을 들여다보고, 시간과 공간을 초월하여 새로운 행성으로의 여행은 분명 미지의 세계를 꿈꾸는 인간의 희열임에 틀림없다. 얼마 전 세기의 천재 화가 '빈센트 반 고흐'를 만날 수 있는 체험 전시가 열렸다. 전시장은 질풍노도와도 같았던 반 고흐의 삶과 그 중 가장 중요했던 순간들을 그가 바라보던 시선 그대로 첨단기술로 정확하고 섬세하게 재현해냈다. 관객들은 그가 생전에 거닐었던 카페나 마을과 집을 직접 돌아다니고, 실제와 똑같이 재현된 소품들과 시청각 자료를 통해 그의 천재적인 상상력과 불안했던 심리를 경험할 수 있었다. 직접 암스테르담까지 가지 않고도 반 고흐의 작품을 실제 박물관과 같은 느낌으로 감상할 수 있었던 것이다.

이렇게 가상의 세계는 물리적 제약을 받고 살아가는 인간에게 여러 형태의 다양한 체험을 제공한다. 그렇다면 가상세계에서의 체험과

---

9 몇 년 전 젊은 층에 많은 인기를 누렸던 '포켓몬 고' 게임이 대중에게 친숙한 증강현실(AR) 기술의 대표적 사례라 하겠다.

실제 세계에서의 체험은 어떻게 다를까? 별 차이가 없다면 아니 오히려 더 만족스러울 수 있다면, 사람들은 시간이나 수고 그리고 경제적인 이유로 가상세계에서의 체험활동을 더 선호하지 않을까? 가상의 세계를 구성하는 첨단 신기술이 날로 진보하고 있기에, 가상세계에서의 인간체험 활동의 유익함만이 아니라 유해성에 대해서도 깊이 숙고할 때인 듯싶다.

앞서 언급한 하이데거의 견해처럼 세계는 인간의 삶이 이루어지고 있는 장場이며, 인간은 세계 내에서 실존하는 유일한 존재자로서 자기 자신을 성취한다. 그리고 인간의 자기실현은 세계 내에서 자신의 몸이 성장하는 과정과 함께 개별인간이 몸소 겪은 체험활동을 통해서 이루어진다. 예로서, 개별인간은 자신의 신체적 성장에 부합하는 정신적 활동을 하며, 또한 자신의 정신적 능력에 부합하는 몸의 체험을 통하여 성장한다. 그래서 개별인간의 체험활동은 다양하며 각자 고유한 양식으로 나타나는데, 바로 이러한 점이 인간체험의 본래 의미이다. 한마디로 인간의 체험은 몸소 자신이 세계 내 실재와의 직접적인 만남과 교제를 통하여 얻는 것이며, 이러한 체험을 통하여 인간은 자신의 세계관을 형성한다.

그런데 현실 같은 가상의 세계는 공간적 한계나 물리적 한계를 초월한 경험이며 인간의 의식 활동으로만 체험되는 세상이기에, 가상의 세계에서 개별인간의 몸과 정신은 각자 별도의 체험이 가능하다. 즉 몸은 아직 10세인데 50세 어른이 될 수 있으며, 아직 어린아이인데 어른들 행위를 체험할 수 있다. 자신의 몸이 성장하는 과정과 함께 개별인간이 몸소 겪은 경험이 인간의 체험이어야 하는데, 몸의 성장과 정신이 분리되는 가능성이 초래하면서 인간의 자아정체성에 큰 위협이 될 수 있다. 특히 몸의 체험활동이 중요한 유아나 어린아이들에게 가상의 세계는 스마트폰 노출의 해로움처럼 위험요소임에 분명하다.

따라서 가상의 세계를 실현하고 창조하는 첨단 신기술(VR, AR, MR, XR)의 지속적인 발전은 인간의 정체성에 해로움이 가지 않는 원칙 및 사회적 합의가 요청된다. 첨단기술이 모의비행이나 수술 실습처럼 직접경험이 불가능한 어려운 환경조건을 가능하게 해주는 것은 사실이다. 그러나 이러한 기술이 만든 가상의 세계는 결코 실제세계가 아니기에, 앞서 지적했듯이 기술연구의 방향 및 산업발전은 개별인간의 세계관을 형성하는 의미체험의 중요성이 충분히 고려되어야 한다.

2. 인격의 의미 및 인격의 성취양식

인공지능 및 로봇기술이 점점 고도화되면서, 인간의 지성과 감성을 지닌 로봇 또는 인간보다 뛰어난 인공지능 및 휴머노이드 로봇의 출현이 현실적으로 가능하게 되었다. 그동안 인간의 업무를 대체하던 로봇이 이제 인간과의 상호작용이 가능한 친밀한 로봇으로 점점 인간의 삶 깊숙이 들어오고 있다. 이러한 로봇의 기능 및 역할의 변모는 그동안 인간만의 본질적 특성으로 간주된 인간의 본성 및 정체성을 재검토하게 한다.

2014년 휴머노이드 로봇 '페퍼'가 세계 최초의 감성 인식 로봇으로서 출시될 때, '페퍼'는 인간의 기본적인 외형(머리, 팔·다리, 몸통)을 가진 기계였다. 인간과 교감하고 소통하는 쌍방향 로봇이지만 입력된 데이터 처리방식의 알고리즘으로 구성된 인공지능으로서 그 한계는 분명했다. 그렇지만 사람들은 인간의 기본적인 외형을 갖춘 페퍼를 좋아했다. 기술적 측면도 있지만 페퍼의 작은 키(121㎝)는 어린이에게는 같은 눈높이를 제공하고 성인들에게는 귀여운 자녀와 같은 호감도를 주었다. 사실 페퍼라는 이름도 성별을 넘어서는, 즉 누구에게든지 친근함을 줄 수 있는 이름으로 선정한 것이다.

페퍼 출시 이후 바로 다음 해에 로봇 '소피아'가 선을 보였고, 연이어 그다음 해에 중국의 로봇 '가가'가 공식적으로 인사를 했는데, 그 둘은 페퍼와 같이 인간의 기본적인 외형을 가진 기계의 이미지를 넘어서 인간의 외형을 그대로 모방하였다. 비록 실리콘 소재이지만 사람의 얼굴, 사람의 표정 그리고 인간의 피부 및 인간의 옷을 입고 사람들과의 대화를 시도했다. 앞서 언급했지만, 인간과 거의 흡사한 형태의 로봇은 마사히로 모리의 '불쾌한 골짜기(uncanny valley)' 이론을 상기시킨다. 이 이론에 따르면, 인간은 로봇이 점점 사람의 모습과 흡사해질수록 호감도가 증가하다가 어느 지점에 도달하게 되면 갑자기 강한 거부감으로 바뀌게 되는 것을 말한다. 하지만 로봇의 외모나 행동이 사람과 거의 구별할 수 없을 정도가 되면 호감도는 다시 증가하여 로봇에게 느끼는 인간의 감정이 인간에게 느끼는 감정 수준에 도달한다는 이론이다. 그래서일까. 필자의 개인적 체험으로는 페퍼에게서는 단순호감도 그리고 소피아와 가가에게서는 호감도와 함께 약간 오싹한 느낌이 교차하였다. 그런데 만약 소피아와 가가가 정말 사람과 구별할 수 없을 정도가 되면 어떻게 될까? 불쾌한 골짜기 이론처럼 로봇이 인간이 되어 나에게 다가오는 것, 즉 새로운 종의 탄생이 될 것이다.

최첨단 신기술과 함께 로봇공학기술이 점점 인간의 본질을 향하고 있는 현시점에, 필자는 인간의 본질 자체인 인격의 의미가 재정립되어,

인격이 인간을 연구하는 모든 학문의 기점이어야 한다고 본다. 인격의 의미가 중요한 이유는, 로봇이 가질 수 없는 인간의 본질이 인격이며, 인격은 시대를 거슬러 변함없는 인간만의 고유한 가치이기 때문이다. 인격개념은 인간이 아닌 다른 어떤 존재에게도 부여할 수 없는 인간의 고유성임을 재차 강조한다.

사람들은 '인격이 중요하지'라고 이야기하는데, 인격이 무엇이며 인격이 왜 중요한지는 깊이 생각하지 않는다. 인격개념이 '이것은 … 이것이다.'라고 한마디로 정의할 수 있으면 좋은데, 인격은 '인간이란 무엇인가?'라는 정의처럼 그렇게 단순히 규정되는 개념이 아니다. 실제로 인류의 사상사 안에서 인격개념은 시대나 지역 또는 문화권에 따라 다양하게 정의되어 왔다.[10]

하지만 일상 안에서 사람들은 쉽게 인격이라는 말을 사용한다. 일반적으로 사람들은 '사람의 품격,' '사람의 품성,' '사람이 기본적으로 가져야 하는 권리'를 인격이라 한다. 특히 인격의 개념은 인간의 가치와 존엄성을 이야기할 때 많이 사용된다. 어떤 사람이 사람답지 못해 보이는 행위를 한다거나 품위를 상실하면, 사람들은 '그 사람의 인격이 의심스럽다.'라며 그를 비난한다. 심지어 사람이 인격적이지 못할 때 '짐승 같다'는 표현도 한다. 이와 반대로 어떤 사람의 가치와 존엄성을 언급할 때 '참 인격적이다' 또는 '고매한 인격이다'라고 말한다.

오래전 젊은 배우가 갑작스런 사고로 죽음을 맞이했을 때, 누군가가 이런 글을 인터넷에 올렸다. "고故 ○○○ 님도 누구에게나 그런 사

---

10 인격정의의 다양성은 인간의 기원에 대한 관점의 차이, 인간의 본질에 대한 인식의 차이, 인간을 구성하는 구성요소에 대한 이해의 차이, 그리고 인간이 가지는 속성에 대한 지식의 차이 등에서 비롯된다. 진교훈 외, 『인격: 고대로부터 현대에 이르기까지 인격의 의미』, 서울대학교 출판문화원, 2007.

람이었나 보다. 인격은 일상에서 오가는 사소한 말과 행동으로 충분히 드러난다. 좋을 때는 누구나 예쁜 말, 올바른 행동을 꾸며낼 수 있다. 인격은 그렇지 않을 때에도 따뜻한 말 한마디, 누군가를 위한 작은 배려, 온화한 표정을 잊지 않는 '인간됨'이다. 그와 인연이 있었던 사람들 모두 그의 인격을 회자한다. 그와 인연이 없었던 수많은 사람들마저 상실감에 빠져있는 것을 보면, 그는 고상한 인격을 지닌 사람이었음에 틀림없다."[11]

이처럼 인격은 우리 자신의 내적 가치 및 외적 품위로 타인에게 표현된다. 그렇다면 인격은 인간의 가치이며 인간의 품위인가? 인간을 구성하는 본질적 요소가 육체와 영혼 또는 정신일 때, 인격은 인간의 본질적 구성요소와 어떤 관계가 있는가? 또한, 자아(自我, ego)는 생각, 감정 등을 통해 외부와 접촉하는 행동의 주체로서의 '나 자신'을 말하는데, 자아는 인격과 어떠한 관계인가? '인간은 인격이다.' 또는 '인간은 인격을 지니고 있다.'라고 하면서, 인간은 인간이 아닌 다른 존재자들(동물, 인공지능, 그리고 로봇과 같은 존재)에게 인격을 부여하지 않는다. 그 이유는 무엇이며 인간의 인격은 도대체 어떻게 형성되는 것인가?

인격이란 무엇인가?
언젠가 인격에 대한 다음과 같은 시험문제를 본 적이 있다.

(개), (내)의 밑줄 친 '인격'의 차이점을 서술하시오.
(개) 모든 사람은 <u>인격</u>을 가지고 있기에 존엄하다.
(내) 우리는 모두 <u>인격</u>을 갖추어야 한다.

---

11 http://blog.naver.com/PostView.nhn?blogId=baboolove7&logNo=221131385468

(가)와 (나)에서 언급되는 인격의 차이점은 무엇일까? 이 문제와 함께 제시된 정답은 (가) '모든 사람은 <u>인격</u>을 가지고 있기에 존엄하다.'에서 의 인격은 인간이라는 종에 속한다는 이유로 얻게 되는 고유성과 가치를 의미한다. 모든 사람은 인격을 가지기에 존엄하다는 것은 인간은 인격적 존재라는 것이다. 무엇이 인격인지에 대한 규정에 앞서 '인간은 인격이다.'라는 의미이다. 인간이라고 정의하는 존재, 즉 모든 사람은 인격적 존재로서 존엄한 가치를 지닌다.

그리고 (나) '우리는 모두 <u>인격</u>을 갖추어야 한다.'에서의 인격은 실천을 통해 일상생활에서 성취해야 할 도덕적 성품을 의미한다. 즉 인격은 사람의 품위이며, 사람이 지녀야 할 기질 및 능력들의 총체이다. 흔히들 사람들이 말하는 '인격수양,' '인격형성,' '고매한 인격'에서의 인격이다. 이러한 도덕적 성품으로서의 인격은 인간의 여러 특징 중에서 그사람을 인격적이게 하는 특정한 속성들이다. 그리고 이러한 인격적 속성은 죽을 때까지 계발되어 진다. 어떤 사람이 겸손하고 도덕적이며 절제를 생활화할 경우 우리는 그 사람이 가지는 그러한 속성들을 보고 그사람의 인격을 말한다. 한 인격체가 지니는 인격적 속성 또는 한 사람의 인격을 규정하는 인간의 속성들을 우리는 '인격성'이라 말할 수 있다. 인간의 인격성은 최초의 상태에서 이미 결정된 또는 불변하는 인간의 본성이 아니라, 각 사람이 자신의 삶을 통해 성취해야 하는 성품이나 인품이다. 그래서 '인격수양'이 필요하고, 동양사상에서는 '인격수양'을 인간됨의 중요한 요소로 파악하였다.

인격에 대한 명시적이고 체계적인 정의는 중세 6세기에 활동했던 보에티우스Boethius(480~524)에 의해 주어졌다. 그는 인격을 '이성적/합리적 본성을 지닌 개별적 실체(persona est rationalis naturae individua substantia)'라고 정의하였다. 세계 내 여러 실체 중에서 이성적 또는 합리적 본성을 지닌 실체를 인격으로 규정한 것이다.

사람은 다른 동물과 달리 이성적 본성을 지닌다. 이성이란 사유하는 정신, 즉 논리적 사고에 의한 판단 및 선과 악 그리고 참됨과 거짓을 식별하는 능력이다. 이러한 사유능력이 인간의 고유성이며 '이성적 본성'의 의미이다. 좀 더 넓은 의미에서 이성적 본성은 개별 인간이 소유해야 할 인간적 특징 또는 인간 속성들의 총합이다.

그런데 동물들은 이성적 본성을 지니지 않기에 인격의 조건에 속하지 않는다. 그러면 인공지능이나 로봇은 어떠할까? 우리가 흔히들 이성적이라 할 때 정신적 본성이나 정신적 본질을 의미하는데, 인공지능 및 로봇이 인간처럼 사고하고 추리하고 판단할 경우 이성적 본성을 가진 인격이라 할 수 있을까? 이 문제는 추후(제5장과 제6장) 다시 살펴보도록 하겠다. 그리고 인격개념에 대한 좀 더 자세한 설명은 〈부록1〉 '인간학의 인격개념 이해'를 참고하도록 한다.

한편, 보에티우스의 인격개념을 따른 토마스 아퀴나스Thomas Aquinas (1224~1274)는 인간이 인격인가의 여부를 명시적으로 확정짓지는 않는다. 하지만 그는 '인간'이라는 용어와 '인격'이라는 용어의 미묘한 차이를 구별하고 있다. 이경재는 "토마스 아퀴나스의 인격개념"[12]에서 다음과 같이 설명한다.

"'인간'이 개별자의 본성적 측면에 주목하는 용어인 반면, '인격'은 개별자들의 본성이 아니라 그러한 본성을 지닌 자립적 실재, 즉 개별자 자체를 지시하는 용어라는 것이다(『신학대전』: I , q.30, a,4,c). 다시 말해 '인간'

---

12 진교훈 외, 앞의 책, 83면.

은 구체적으로 존재하는 개인들을 염두에 둔 채 그들의 종적 본성을 지시하는 것인 반면, '인격'은 각 개인들이 지닌 저마다의 고유한 개별적 특성(Individual notes)들까지를 포함하는 전체로서의 개인 자체를 지시한다(『신학대전』: I, q.29, a,2, ad 3). 이런 의미만 놓고 본다면 '인간'과 '인격'은 부분과 전체의 관계라고 할 수 있다(『신학대전』:III, q.2, a,1)."

위와 같이 토마스의 인격개념은 개별자 자체와 개별자의 인간적 특성이 함의된 포괄적 개념이다. 이러한 토마스의 인격 이해는 인간 존재의 근원 및 인간의 존재 양식을 포괄하는 인간의 자기 정체성이라 할 수 있겠다. 인간은 인격적 존재로서 존엄하며, 자신이 누구이며 무엇을 해야 하는지 알고, 자기를 창조하고 초월하는 실존적 존재이다.

최근 인공지능의 등장과 함께 인간의 인격을 정의하는 '인격적 몸'의 중요성을 강조하고 싶다.

인격적 몸은 인간의 본질적 구성요소라 할 수 있는 육체와 영혼의 일체로서의 인간을 말한다. 인간은 육체만으로 존재하지 아니하고 정신만으로 존재하지도 아니한다. 인간은 육체와 영혼의 일체로서, 즉 인격적 몸으로서 실존한다. 나라는 존재는 세상에 존재하고 세상으로 나아가고 세상을 뛰어넘는 정신적 이상을 실현하는 실존 주체이다. 그런 나를 한마디로 규정할 수 있는 것을 필자는 '인격적 몸'이라고 본다. 인격적 몸은 하나의 실체, 즉 '인격체'로서 자신만의 기억과 체험 그리고 자유를 실현하는 고유성을 지닌다.

인격은 각 개인에게 오직 하나의 개념인데도 불구하고, 가끔 '이중인격자' 또는 '다중인격자'라는 말을 한다. 그들은 한 사람 안에 둘 이상의 각기 다른 인격체가 존재하며 상황에 따라 전혀 다른 인격의 모습을 갖게 되는 사람을 일컫는다. 그런데 한 사람에게 하나의 인격만이 실재하는데 어떻게 그런 일이 있을 수 있는가?

1978년 한 남자가 강간과 강도죄로 체포되어 미국 법정에 섰다. 그런데 그의 강간죄는 인정이 됐지만, 무죄로 풀려나는 어이없는 일이 발생했다. 어떻게 강간죄의 인정이 됐는데도, 무죄로 풀려날 수 있었을까? 그가 무죄선고를 받을 수 있었던 것은 법원은 그를 24개의 인격을 가진 다중인격자로 인정했기 때문이었다. 그의 이름은 미국 오하이오주 태생인 '빌리 밀리건'인데, 심지어 그의 이야기는 영화 〈23아이덴티티〉의 모티브가 되었다.

다중인격자는 둘 이상의 각기 다른 인격체가 한 사람에게 있다는 것인데 그것이 가능한가? 정신의학 또는 심리학은 인격의 의미를 개성 및 심성(personality)에 두기에, 그러한 관점에서는 한 사람에게 여러 개의 인격이 형성될 수 있을 것이다. 하지만 인간의 존재론적 인격 이해로는 불가능하다. 존재론적으로 인간의 본질은 육체와 정신의 결합이며, 모든 인간은 하나의 인격체로서 실존한다. 인격적 몸으로서 너와 나는 고유한 존재이다.

따라서 이중 및 다중인격자의 다중인격체험은 정신적으로 심리학적으로 또는 의학적으로 일어날 수 있는 주관적 체험일 뿐이지, 정말로 한 사람이 다른 사람으로 변하는 존재론적 현상일 수 없다. 한 사람에게 둘 이상의 인격체가 동시에 존재할 수 없기 때문이다.

한 가지 다른 예를 들어보자. '유체이탈'幽體離脫(Out-of-Body Experience)이라는 말을 가끔 듣는다. 유체이탈 또는 유체이탈 경험은 영혼이 자신의 신체를 빠져나온 상태에서의 감각 체험을 일컫는 말이다. 예를 들면, 어떤 사람이 누워있는데 동시에 또 다른 자신이 누워있는 자신을 보는 것, 즉 육체와 영혼의 분리로서 자신을 대상화하여 보는 현상을 일컫는다. 가끔 주위 사람들로부터 그러한 현상을 듣는데, 이런 현상이 가능할까?

다중인격자와 마찬가지로 정신의학이나 심리학에서는 가능할 수 있을 것이다. 하지만 육체와 영혼의 일체성을 주장하는 전통적인 존재론에서는 불가능한 일이다. 존재론적 이해에서 육체와 영혼의 분리는 죽음만이 가능하기 때문이다. 따라서 유체이탈이나 다중인격자는 심리학적 또는 주관적 체험의 가능성일 뿐이다.

정리하면, 인격은 인간이라는 종에 속한다는 이유로 얻게 되는 고유성과 가치를 의미하며, 인격은 이성적 본성을 지닌 구체적이며 개별적이고 자립적인 하나의 실체로서 인격적 몸이다. 그리고 인격적 몸은 육체와 영혼으로 구성된 하나의 실체, 즉 '인격체'로서 자신만의 기억과 체험 그리고 자유를 실현하는 고유성을 지닌다.

이러한 인격에 대한 의미를 바탕으로 앞으로 인공지능 및 로봇의 인격적 문제가 언급될 것이다.

인격의 성취양식

토마스 아퀴나스의 인격개념은 '실체적 완성'과 '실존적 완성'이다. 실체적 완성은 최초의 상태에서 인간은 이미 인격이며 인격으로서의 고유성과 존엄한 가치를 지닌다는 것이다. 그리고 실존적 완성은 인간의 인격은 이미 완성된 실체적 완성이지만, 동시에 인격의 완성을 향해 나아간다는 의미이다. 즉 '인격'은 한편으로는 인간이라는 종에 속한다는 사실만으로 지니는 '이미 실현된 완성과 가치'를, 다른 한편으로는 각자의 삶을 통해 나름대로 획득해 나아가는 '실현해야 할 완성과 가치'를 모두 포함하는 개념이다. 전자가 인격의 실체적 완성이라면, 후자는 인격의 실존적 완성이라고 할 수 있다. 현실의 인간 인격은 모두 실체적 완성과 실존적 완성 사이의 중간단계에 처해 있으며, 그러한 한 모두가 '이미 완성된 것이면서 동시에 완성을 향해 나아가는' 과정 중에 있다."[13]

한편 인격에로의 완성을 향해 나아가는 인간실존은 타자 및 타인과의 관계를 맺는 가운데 비로소 인격체로 존재할 수 있음이 철학적으로 구명되기에 이르렀고, 소위 대화적 인격주의라 불리는 사상가들은 인격을 관계적 실재로 파악하고 타인과의 인격적인 만남과 대화의 장場에서 인격의 완성을 지향하였다.[14]

대화적 인격주의에 의하면 인격은 인간 태생의 시초부터 고유하지만, 동시에 타인과의 관계를 통하여 인격은 형성된다는 것이다. 예로서, 인큐베이터에 갓 태어난 아기들이 나란히 누워있는 것을 상상해 본다. 그들 각자의 몸부림은 동물적 행동이 아니라 인격적 행위이다. 그 이유는 그들 각자가 지닌 인격체로서의 고유한 인격 때문이다. 이렇게 인간의 인격은 출생과 함께 주어지는데, 아기는 다른 사람과의 DNA의 차이를 넘어 그 누구와도 동일하지 않는 자신만의 고유한 색깔을 갖는다. 하지만 처음부터 아기의 인격이 온전히 계발되어 있지는 않다. 아기의 인격은 자신의 이름을 불러주고 자신에게 다가온 타인을 통하여 지속적으로 성장한다.

그래서 대화적 인격주의는 태생의 시초부터 고유한 인격체인 인간은 자신의 인격을 타인으로부터 받는다고 주장한다. 즉 인간은 타인으로부

---

13 진교훈 외, 앞의 책, 91면.
14 심상태, 앞의 책, 116~126면 참조.

터 실존을 선사 받고, 타인에 의해 자기 자신을 성취하는 존재자이다. 인간은 스스로의 힘으로는 결코 인격이 될 수 없으며, 인간의 인격은 세계 안에서 만나게 되는 다른 존재자로부터, 특히 다른 인격들과 관계를 맺는 가운데에서 형성된다. 이런 의미에서, 인간이 다른 인간과 맺는 인격적 관계가 인격성이 실현되는 장場이며, 그 반대로 인간이 다른 인간과의 인격적 관계를 갖지 않으면 자신의 인격성은 계발될 수 없을 것이다.

따라서 인격의 성취는 타인과 더불어 살아가는 공동체와 사회 안에서 가능하며, 김선희는 이를 '인격의 사회성'[15]이라고 말한다. 예로서, '늑대소년 모글리의 이야기'를 생각해본다. 이 이야기는 1894년 출간된 러디어드 키플링의 『정글북』의 이야기인데, 인간의 비사회성을 암시한다.[16] 이 책은 정글에서도 인간세계에서도 온전히 받아들여지지 못한 채 '중간자'로 살아야 했던 늑대소년 모글리의 이야기를 담고 있다. 메수아의 아들 나투(모글리)가 호랑이에게 쫓기다 늑대 가족으로부터 보호를 받으면서 자라나는 과정, 모글리가 다시 인간 마을로 돌아가지만 정글의 법칙에 적응되어 있어 인간세계에 적응하지 못한 일들이 이 책에 담겨 있다. 비록 이 책이 인간의 사회적 적응에 대한 영국식민지 시대의 인디아, 즉 제국주의적 시각에서 집필되었다는 평가를 받고 있지만, 그와는 별도로 인간의 사회적 적응의 중요성을 다시금 생각하게 한다. 특히 인간 모글리가 늑대 가족의 보호 안에서 성장하는 과정과 다시 인간사회로 내려왔다가도 적응하지 못하는 모습을 보면서, 인간의 속성들, 즉 인격성은 오직 인격적 존재인 타인에 의해서 계발되어

---

15 김선희는 인격의 사회성을 언급하며, "인격들은 사회 안에서만 형성되고 창조되는 사회적 존재들이다."라고 말한다. 김선희, 『사이버시대의 인격과 몸』, 아카넷, 2004, 36~41면 참조.
16 러디어드 키플링, 『정글북』, 정회성 옮김, 사파리, 2018.

진다는 사실을 다시금 확인한다.

대화적 인격주의에 따른 인격의 성취양식을 고찰한 심상태는 다음과 같이 말한다. "한 인간이 세계 안에서 태어나 다른 인간을 만나는 것이 그의 삶의 시초라고 할 수 있다. 아기가 세상에 태어나 제일 먼저 어머니를 만나고, 이어서 다른 가족을 만나고, 시간이 흐르면서 다른 많은 사람을 만나게 된다. 인간적 만남은 통상적으로 '대화(dialogue)'를 매체로 하여 이루어진다. 아기는 우선 사랑 가득한 어머니의 사랑을 만나고 다름 아닌 '너'라는 이름을 만난다. 아기는 어머니를 비롯한 다른 사람들로부터 언어를 배워 익힌다. 아기는 언어를 통하여 그가 처음 만난 어머니와 아버지를 인식하고 세계를 인식하게 되며, 이 언어를 통하여 자기 혼자서는 할 수 없는 것을 파악하게 된다. 이처럼 한 인간의 지식이나 처신은 스스로 독자적으로 터득한 것이 아니라 타인을 만나 타인으로부터 배워 익히게 된 것이다. 그러므로 한 인간의 인격은 타인 없이는 각성되지도 않으며 계발되지도 않는다."[17]

이렇게 인간은 타인과의 관계에서 자신을 성취하는 인격적 존재이다. 인격적 존재로서 인간은 세계 안에서 실재하는 다른 사물이나 동물과 다르다. 다른 실재들은 존재하자마자 아니 곧바로 자신의 기능 및 역할이 선험적으로 주어졌다. 그러나 인격적 존재인 인간은 취득적 존재로서 배움과 발달 과정을 통해 성장하며, 타인과의 인격적 관계가 맺어지는 속에서 바로 자기 자신을 성취하는, 즉 자신의 실존을 완성해나가는 존재이다.

타인과의 인격적 관계는 '만남' 안에서 그리고 '대화(dialogue)'를 매체로 하여 이루어진다. 따라서 대화는 인간의 인격 형성 및 인격의 성

---

17 심상태, 앞의 책, 118면.

취에서 가장 중요한 요소이다. 처음으로 만나게 된 두 사람이 초기에는 세상사에 대하여 극히 형식적이고 별 의미 없는 내용의 대화를 교환할 수 있지만, 만남이 지속되면서 두 사람은 자신들의 삶을 위해서 중대하고 의미 가득한 대화를 나누게 된다. 이때 두 사람 사이에서 인격적 관계가 성취되고 있다고 말할 수 있다. 인격적 관계가 형성되면, 그동안 많은 사람 중의 하나로서 '그 사람'으로 머물렀던 상대방이 이제는 나에게 특별한 의미를 지니는 '너' 또는 '당신'으로 변화하게 되고, 나는 상대방에게 지금까지와는 다르게 나 자신을 열어 보이고 건네주면서 스스로 상대방의 '너' 또는 '당신'이 되기에 이른다. 이러한 인격적 만남 안에서 그리고 대화의 매개로 인간의 인격은 성취된다.

베른하르트 벨테Bernhard Welte(1906~1983)는 인간의 인격적 성취양식에서 관계성의 중요성을 파악하였다. 그리고 그 관계성에서 인간은 대화를 통해 인격을 성취해 나가는 존재임을 규명한다. 그에게서 인격은 순수한 의미에서의 '나'와 '너'의 원천적 실재이다. 여기서 '원천적'이란 너만이 그리고 나만이 가지는 인격의 고유성이다. 그리고 나의 고유한 인격은 본질적으로 인격적 만남을 통한 '대화'를 매체로 하여 성취된다. 즉 내가 만나고 대화하는 타인의 체험이 내가 세계 안에서 만나게 되는 인간적 체험이며 인격의 성취인 것이다.

실제로 사람들은 대화를 통해 친밀한 관계를 맺고 자신을 실현하며 살아간다. 하지만 얼마나 많은 사람이 대화의 중요성을 인지하고 친밀한 대화를 유지하는지는 의문스럽다.

존 포웰John Powel은 현대인에게 있어서 대화의 중요성을 강조하며, 그의 책 『왜, 대화하기를 두려워하는가?』에서 사람들의 대화를 5가지 등급으로 나누어 설명했다.[18] 그가 말하는 대화의 5가지 등급은 어떻게 하면 타인과 좋은 대화를 나누고 행복한 관계를 맺고 살 수 있는지를 인간 스스로 숙고하게 한다.

먼저 5등급 대화는 상투적이고 기초적인 단계이다. 5등급 대화는 가장 기초적인 대화단계로 친밀감과는 먼 거리의 관계를 말한다. 일상적이고 의례적인 대화로, "안녕하세요? 오늘 날씨가 참 좋지요?"와 같은 감정이 실려 있지 않는 형식적 대화이다.

4등급 대화는 사실과 정보교환의 단계이다. 4등급 대화는 역시 일상적이고 의례적인 대화를 나누면서 정보를 주고받는 단계를 말한다. 여기서 정보의 주고받음은 단순히 정보만 주고받았을 뿐, 생각이나 느낌은 전혀 주고받지 못하는 대화이다.

3등급 대화는 자신의 생각이나 판단을 말하는 단계이다. 이 대화에서는 정보교환뿐만 아니라 자기 생각이나 판단이 들어간 대화를 하는 단계이며, 이때 상대방이 동의를 하면 의사소통이 되어 그 다음 단계로 넘어간다.

2등급 대화는 감정과 직관의 단계이다. 정보교환 및 자기 판단과 생각을 넘어서 자신의 느낌이나 감정까지 나누는 단계의 대화이다. 이 단계에서 비로소 좋은 관계를 맺어 나갈 수 있도록 마음을 나누게 되는 대화를 할 수 있으며, 서로에게 친밀감을 나눌 수 있는 관계가 형성된다.

마지막으로 1등급 대화는 최상의 친밀함의 단계이다. 상대방의 감정을 읽어주고 100% 공감해주고 자신의 욕구도 표현하고 나누는 대화이다. 서로의 감정, 느낌, 생각, 욕구를 막힘없이 나눌 수 있는 깊은 신뢰가 형성된 관계일 때, 비로소 가능한 친밀한 대화이다. 나의 느낌과 생각을 말했을 때 있는 그대로의 나를 상대방이 수용해 주고 이해해주

18 존 포웰, 『왜 사랑하기를 두려워하는가?』, 박복주 옮김, 가톨릭출판사, 2007.

고 받아들여 줄 때, 비로소 내가 사랑받고 있고 또한 사랑하고 있다는 강한 확신을 가질 수 있다.

존 포웰John Powel의 대화의 최종적 목적은 인격적 사랑이다. 인격적 사랑은 참된 대화를 통한 인격적 만남이며, 자신을 기꺼이 상대에게 내어줌이다. 이러한 존 포웰의 다섯 등급의 대화를 언급한 이유는, 사람들 사이의 인격적 대화 측면도 있지만, 인간과 로봇의 상호대화의 수준을 가늠해보기 위함이다. 지능 및 감정을 지닌 로봇이 우리 삶에 가까이 다가오는데, 내가 소유할 수 있는 미래로봇의 대화 수준은 존 포웰이 규정한 대화의 다섯 등급에서 어느 수준에 이르기를 희망하는가? 사람에 따라 대화를 유지하는 로봇의 필요성이 다르겠지만, 필자의 개인적 바람은 로봇이 자신의 생각이나 판단을 말하는 3등급이었으면 한다. 만약 치료의 목적이라면 2등급 대화 수준까지도 적당하다고 본다. 로봇의 대화 수준이 3등급 및 2등급이 될 때, 로봇과 공존하는 사회 안에서 인공지능 및 로봇이 소외감에 처해 있는 이들에게 대화의 창구를 열어주며, 때론 객관적인 정보를 기초로 한 기본적인 상담역할을 할 수 있으리라 기대된다.

소설과 영화는 보통 1등급 대화 수준의 로봇 또는 인조인간을 등장시킨다. 1등급 대화 수준의 로봇은 인간과의 구별이 안 되는 새로운 종이라 하겠다. 현재 과학기술의 영역에서는 불가능한 일이며, 과학기술은 그러한 길로 향하는 것은 스스로 자제해야 할 것이다.

인간의 인격은 타인과의 관계에서 성취되는데, 로봇이 타인으로 존재하게 되는 일은 SF소설이나 영화의 현실화라 하겠다. 다음 장에서 다루게 되겠지만, 영화 〈Her〉에서 테오도르와 인공지능 사만다가 보여준 대화는 가장 적절한 예라고 할 수 있다.

부록 1

인간학의
인격개념 이해

부록 1
인간학의 인격개념 이해[1]

1. 인격개념 이해

인격은 인간을 규정하는 가장 기본적인 개념이다. 그런데 이 인격 개념은 본래 그리스도교 신神의 본질, 즉 그리스도교의 기본진리인 삼위일체 신앙을 개념적으로 파악해 나가는 과정에서 형성되었다. 3세기 초 테르툴리아누스Tertullianus(160~220)는 세상을 창조하신 하느님과 십자가를 통하여 세상을 구원하신 예수 그리스도 그리고 성령은, 같은 하느님이면서 독립된 위격(persona)을 가진다고 천명하면서 인격개념을 적용하였다. 그는 원래 법률가 출신이었으며 당시 법률용어인 라틴어 '페르소나persona'[2]를 삼위일체 신앙에 유비적으로 적용한 첫 인물이다. 그는 그리스도교 하느님이 "하나의 실체이면서 세 위격(una substantia tres personae)"이라는 유명한 정식을 남겼다.

서양사상에서 인격개념을 철학적으로 처음 사용한 사람은 보에티

---

1 필자의 논문을 요약하여 발췌하였다. 김태오, "인공지능 로봇에 대한 인간의 인격개념 사용문제,"『가톨릭신학』 31호, 2017년 겨울.
2 '페르소나'는 법정에 출정하지 않은 피소자(被訴者)를 대리하여 재판장 앞에서 대신 판결을 받게 되는 인물을 지칭하는 말이며, 이 말은 연극배우가 극 속에서 사용하는 가면을 뜻하는 그리스어 '프로소폰($\pi\rho o\sigma\omega\pi o\nu$)'의 번역어로 간주된다. 심상태,『인간: 신학적 인간학 입문』, 서광사, 1989, 111~112면 참조.

우스Boethius(480~524)이다. 그는 인간 존재에 인격개념을 적용하면서, 인격을 '이성적 본성의 개별 실체'로 정의하였다. 그리고 그의 인격개념은 토마스 아퀴나스Thomas Aquinas(1225~1274)에게로 계승되었다. 토마스는 보에티우스처럼 인격을 '이성의 본성 안에서 다른 것과 구별되는 개별적 독립체'로 보았다. 그는 인격개념을 사용하여 인간의 구체성, 고유성, 유 일회성, 대치 불가능성을 말하며, 나아가 인격 존재의 존엄성과 완전성을 강조하였다.[3] 토마스는 '이미 실현된 완성과 가치'로서의 인간으로 인격의 실체적 완성을 강조하였고, 동시에 '실현해야 할 완성과 가치'로서의 인간으로 인격의 실존적 완성을 추구하였다.[4]

근세 이후 주체적 자아의식이 강조되면서 인격개념은 자의식을 지닌 주체성의 행동 중심으로 파악되기에 이른다. 그리고 19세기에는 타자에 의하여 자신을 실현하는 인간의 실존이 강조되면서 '나'는 '너' 그리고 '당신'과의 관계를 맺는 가운데 비로소 인격체로 존재할 수 있음이 구명되기에 이르렀다.[5] 오늘날 인격개념 이해는 다양하나, 일반적으로 토마스 아퀴나스 사상과 맥락을 같이하는 전통적 인격개념에 크게 벗어남이 없다. 즉 인격체로서의 인간의 가치 및 인격을 성취하는 실존의 강조이다.

20세기 사상가 쟈크 마르땡Jacques Maritain(1882~1973)은 토마스 아퀴나스의 사상을 전적으로 수용하며 토미즘의 부활을 시도하였다. 그는

3 박승찬, "인격을 이루는 원리로서의 몸 — 토마스 아퀴나스를 중심으로", 「가톨릭 신학과 사상」 2014년 여름호(통권 73호), 62면.

4 그래서 현실의 인간 인격은 모두 실체적 완성과 실존적 완성 사이의 중간단계에 처해 있으며, 그러한 한 모두가 '이미 완성된 것이면서 동시에 완성을 향해 나아가는' 과정 중에 있다. 진교훈 외, 『인격: 고대로부터 현대에 이르기까지 인격의 의미』, 서울대학교 출판문화원, 2007, 92면(이경재 집필부분).

5 마틴뷰버(Martin Buber, 1878~1965)등 '대화적 인격주의' 사상가들에 의해 체계적 이론 정립이 형성되었다. 심상태, 앞의 책, 116면 참조.

토마스주의를 바탕으로 인간실존의 근거를 마련하고 실존적 주체로서의 자아를 강조하였으며, 또한 신의 창조질서에 참여하는 인간 인격의 존엄함 및 전적으로 자신을 건네주는 사랑에 의한 인격의 실존적 완성을 추구하였다.[6]

정리하면, 인격개념이 비록 시대적 상황과 문화에 따라 그 강조점이 약간은 상이하게 드러난 것은 사실이지만, 인격으로서 인간은 존엄하고 인격으로서 인간은 자기 자신을 성취하는 존재라는 관점은 일관성을 지닌다. 그리고 이러한 일관성을 볼 때, 보에티우스의 인격개념이나 토마스 아퀴나스의 인격에 대한 관점이 시대를 초월한 인격 이해의 정초적 역할임을 알 수 있다.

필자는 보에티우스 및 토마스의 인격개념을 바탕으로 20세기 대화적 인격주의를 좇는다. 그리하여 필자는 인격개념을 다음 세 가지로 파악한다: 1. '개별체로서의 인격' 2. '가치의 의미로서의 인격' 3. '관계로서의 인격'.

2. '개별체'로서 인격

인격에 대한 가장 기본적인 정의는 보에티우스Boethius에 의해 처음부터 주어졌다. 즉, 인격은 이성적 본성을 지닌 개별적 실체라는 것이다. 보에티우스의 개별적 실체로서의 인격개념은 토마스 아퀴나스를 거쳐 지금에 이르고 있다. 인간의 인격이 이성적 본성을 지닌 개별적 실체라는 정의는 존재론적 개념이다. 그래서 실체는 존재의 본질인 '무

---

6 진교훈 외, 앞의 책, 393~409면 참조.

엇임'과 존재 자체인 '있음'의 합이며, 개별적 실체로서의 인격은 인간의 개체성 및 고유성을 말한다.

인간의 인격은 이성적 본성을 지닌 개별적 실체이기에 어떤 것이 인격이기 위해서는 두 가지 조건이 모두 갖추어져야 한다. 첫째는 개별적 실체이고, 둘째는 이성적 본성이다. 따라서 개별적 실체가 아닌 어떤 것은 결코 인격일 수 없으며, 여러 실체 중에서도 이성적 본성을 지닌 실체만이 인격이 된다.[7]

토마스 아퀴나스는 인간의 본질적 구성요소인 육체와 영혼으로부터 개별적 실체개념을 규명하였다.[8] 즉 개별적 실체로서의 인간은 육체와 영혼을 지닌 단일적 존재이며, 육체 따로 영혼 따로가 아닌 육체와 영혼이 결코 분리될 수 없는 실체적 결합으로 존재한다.[9] 이러한 토마스 아퀴나스의 인간 존재의 단일성 규정은 개별적 실체로서의 인격을 이해하는 핵심적 역할이다.

토마스 아퀴나스는 '영혼이 육체의 유일한 형상(anima unica forma corporis)'이기에, 인간의 영혼은 육체를 통해 현실적으로 존재하고 육체는 영혼 없이 존재할 수 없다고 주장하였다.[10] 토마스는 인간의 육체

---

7 결국, 모든 인격은 개별자이지만 모든 개별자가 인격은 아니며, 개별자들 중에서 이성적 본성, 즉 지적 본성을 지닌 존재만이 인격이 된다. 이를테면, 인격개념이 자아, 마음, 정신의 개념들과 연관성을 가지나 그 개념들이 인격으로 잘못 사용되어서는 안 된다.

8 인간의 본질적 구조로서의 '영혼과 육체'라는 도식은 서양사에서 고대로부터 내려오는 전통적인 입장이다. 시대와 문화에 따라 영혼이 강조되고 육체가 인간의 전부라고 주장되는데, 중요한 것은 영혼과 육체의 도식이 인간 본질 이해의 근본 입장이라는 사실이다.

9 신플라톤적 그리고 아우구스티누스의 육체와 영혼 사상은 13세기 토마스 아퀴나스에 이르러 새로운 관점으로 전환되었다. 토마스 아퀴나스는 영혼과 육체의 본질적인 상이성 및 영혼의 우위성을 강조하는 플라톤의 입장을 거부하였다. 그는 성경의 인간학처럼 인간은 온전히 영혼이고 온전히 육체라는 인간 구성요소의 단일성을 주장하며, 아리스토텔레스 사상의 근거가 된 질료와 형상이론을 계승하여 인간을 육체와 영혼이 합성된 실체로 보았다.

와 영혼은 세계 안에서 하나의 실체이기에, 인간의 육체성은 한 인격체를 이루는 인간의 전인적인 행위라고 보았다. 즉 "지성적으로 인식한다는 것을 의식하는 자와, 감각하는 것을 의식하는 자는 동일한 사람"(신학대전 제1부 76문 1절)인 것이다.[11]

한마디로 토마스에 의하면, 인간의 육체와 영혼은 실체적 결합으로 존재의 단일성을 이루고, 육체와 영혼은 긴밀한 상관관계 속에서 하나의 인간 존재를 구성한다. 그리고 이러한 토마스의 육체-영혼관은 현재까지 그리스도교 신앙의 공식적 교리이며, 또한 하느님 모상으로 창조된 인간 존재의 단일성을 이야기하는 그리스도교적 인간학의 기본 정식이 된다.

정리하면, 인간은 육체와 영혼의 긴밀한 상관관계 안에서 하나의 인간 존재를 구성한다. 육체는 영혼 없이 존재할 수 없고 영혼은 육체와의 결합 속에서만 존재할 수 있다. 육체와 영혼의 결합 속에서 인간은 세계 안에서 인격체로 존재한다. 영혼 따로 육체 따로는 세계 내 인간 존재의 양식이 될 수 없다. 즉 인간은 육체만이 존재하거나 영혼만이 존재할 수 없는 단일적이고 전인적인 존재이다.

다음은 개별체로서 인격의 조건들을 규정해본 것이다. 인간만이 이 규정에 합당하는 존재이며 '인격체'의 지위를 차지한다.

> ① 인격으로서의 개별체가 되기 위해서는 공간적으로 지속하는 개별적 몸이 필요하다. 인격은 몸을 초월한 정신이 아니라 시공간적으로 지속하는 개별적 몸을 가진 구체적 존재이다.[12]

10 신학대전 제1부, 76문 1~3절 참조.
11 소피아 로비기, 『성 토마스의 철학적 인간학』, 이재룡 옮김, 가톨릭출판사, 2015, 285면.
12 김선희, 앞의 책, 101면 참조.

② 개별적 몸은 육체와 영혼의 결합체이며, 영혼은 육체의 유일한 형상이다.

③ 인간의 영혼은 지성적 영혼이며 신의 창조 영역이다. 따라서 지성적 존재 중에서도 인간과 같이 개별적인 몸을 가진 존재만이 책임 주체이자 인격적 존재이다.

④ 인간의 지성은 개별적 인간 영혼이 창조될 때 신 또는 절대자로부터 부여받은 타고난 능력이다.

3. '가치의 의미'로서의 인격

인간은 고유하고 탁월한 가치를 지닌 존재이다. 토마스 아퀴나스에 의하면, '인간은 자연의 질서에 종속되어 있으면서도 자유롭게 자신을 규정해나가는 지적 본성 덕분에 스스로 자신의 목적을 설정하면서 자유롭게 자신을 규정해 나아가는 자율적이고 자기 창조적인 존재'이다.[13]

인간은 자신이 어느 시대 어떤 문화에서 삶을 영위하든 그가 인간이라는 종(species)에 속한 존재라는 사실만으로 자연 세계내의 그 무엇과 다른 인간만이 지니는 고유성과 탁월성을 지닌다. 즉 인간 개개인은 그가 누구인지 따져보지 않고도 자신을 가장 가치 있고 완전한 가치를 지닌 존재로 보아야 한다는 것이 토마스 아퀴나스 이후 지금까지 이해되고 있는 인간의 본질적 이해 또는 인격개념 이해이다.[14]

---

13 진교훈 외, 앞의 책, 82면.
14 이를테면, 막스 셸러(Max Scheler, 1874~1928)는 인간 개개인은 인격존재로서 개별존재이고, 그리하여 다른 사람들과 구별되는 유일존재이며, 그의 가치는 그가 개별적이고 일

이러한 가치의 의미로서의 인격은 인간의 존엄성을 드러낸다. 인간의 존엄성은 무엇보다도 육체와 영혼의 실체적 결합을 이루는 본질적 단일성에 있다. 특히 신으로부터 부여받은 인간의 영혼은 지성적 영혼으로서, 지성은 인간이 다른 존재와 구별되게 하며 인간 존엄성의 근거가 어디에 있는지를 말해준다. 또한, 인간의 영혼은 몸의 다양한 기관들을 통해 작용하는데 그 가운데에 가장 중요한 능력인 지성과 의지는, 토마스 아퀴나스가 말하는 지적 본성을 지닌 인간의 인격적 특성이며 인간 존엄성의 기틀이 된다.[15] 인격이란 바로 이러한 지적 본성을 지닌 인간의 가치를 긍정하는 것이며, 인간만이 가지는 자기 정체성의 개념이다.[16]

인간은 세계 안에서 육체성을 가진 정신적 존재이며, 정신은 육체를 통해서 세계 안에서 활동하고 자기 자신을 표현한다. 특히 인간의 지성적 활동은 지성과 의지 그리고 사랑을 통해 자신을 넘어서는 존재가 되게 하며, 인간의 고유한 가치, 즉 인간이 인간인 이유를 제시한다. 인간은 단순히 뼈와 살로 이루어진 존재가 아니라, 자신의 지성적 활동 덕분에 스스로를 초월할 수 있는 존재이며, 자연 세계 내 가장 완전한 가치를 지닌 인격적 존재이다.

또한, 인간은 육체를 통해 자신을 실현하기에, 육체성과 더불어 나

회적인 존재라는데 있다고 하였다. 진교훈 외, 앞의 책, 142면 참조.

15 인간의 지성은 정신적이며 무한한 선을 향한 지식을 지니며, 의지는 사고하는 정신의 중요활동으로 이 둘은 총체적인 하나의 작용으로 인간 가치의 의미를 고양한다. 바티스타 몬딘, 『신학적 인간학』, 윤주현 옮김, 78면 참조.

16 토마스에 의하면, 인격의 완전성은 인간이라는 종(species)이나 종적 본질이 아니라 그러한 본질에 더해 개별적 특성들을 포함함으로써 저마다 자신 이외의 것들과는 공유할 수 없는 개별적 고유성을 지니는 개인이다. 반면, 칸트가 사용한 인격개념은 존엄성을 가지고 도덕법칙을 수행하는 자이며, 이 인격에는 개별성이 전혀 인정되지 않고 신성을 닮은 것으로서 보편성이 인정되었다. 다시 말해서 인격은 우연적이고 개성적인 인격이 아니라, 객관적 인식의 초개체적 이행자로서의 인격이다. 진교훈 외, 앞의 책, 86, 135면.

타나는 모든 표현이나 활동들은 인간 자신이다.[17] 그래서 인간의 육체에 대한 부정적 측면들은 바로 인간 자체의 품위를 격하시키는 것이다. 예로서, 인신매매나 성폭행, 신체 고문 및 노동 착취 등이다.

토마스에 의하면, 인간의 육체는 유기체로서 식물적 삶과 감각적 삶으로 구별된다. 식물적 삶은 생명의 구성, 성장, 유지라는 생물학적인 과정 안에서의 독자적 활동을 통해서 삶을 계발시키고 후에는 퇴화하거나 죽음에 이르게 된다. 이러한 식물적 삶은 호흡과 심장활동, 혈액순환, 소화와 다른 장기 기능처럼 대부분 의식과 상관없이 자발적으로 이루어진다. 그리고 인간의 감각적 삶은 감관感官을 통하여 외부의 자극을 수용하면서 기쁨과 슬픔, 즐거움과 분노 등의 반응을 나타낸다.[18] 이러한 인간의 식물적이고 감각적인 삶의 육체성은 정신적 삶의 차원 안으로 통합되어 존속한다. 그리하여 자신을 숙고하고 반성하며 육체적 한계를 넘어서는 인간의 세계 내 존재는 육체적-정신적 삶을 추구하는 인간 본질의 고유성이 된다.[19]

인간의 육체와 정신의 단일성 안에서 인격의 가치와 존엄은 비인간화 및 인간성 상실이 극대화되는 사회에서 가장 중요한 인간의 자기정체성이다. 특히 20세기 기술의 발전과 함께 여러 사상가가 인간학적 탐구 안에서 인격의 가치와 존엄을 강조하였다. 한 예로서, 후설Edmund Husserl(1859~1938)의 제자였으며 가톨릭교회의 여성 수도자이자 교육학과 인간학 강의를 하였던 에디트 슈타인Edith Stein(1891~1942)이 있다. 그녀는 1942년 유대인이라는 이유만으로 아우슈비츠 가스실에서 죽음을

---

17 "인간의 육체는 '하느님 모습'의 존엄성에 참여한다."(가톨릭교회 교리서, 364항).
18 심상태, 앞의 책, 77면.
19 인간의 육체와 영혼은 존재론적 단일성을 이루지만, 인간의 정신은 자신의 육체를 관찰하고 초월할 수 있다. 즉, 인간은 존재적 단일성 안에서 자신의 육체와 영혼을 구별할 수 있는 것이다.

맞이했었다. 슈타인에 의하면, 인간은 신체적-생명적-정신적 존재로 규정되며, 이러한 신체, 생명, 그리고 정신을 하나로 묶고 있는 것이 그녀가 말하는 인격이다.[20] 즉 인간은 인격이며 이 인격은 '인간의 신체적-생명적-정신적 구조를 하나의 단일체로 통합'하는 것이다. 그리고 이러한 인격으로서의 인간은 자기 자신을 스스로 형성해갈 수 있는 자유로운 존재이며, 이러한 자유를 실현하는 인격으로서의 인간은 완전한 가치를 추구하는 인간의 존엄 그 자체라 하겠다.

요약하면, 가치의 의미로서의 인격은 인간의 존엄성을 말하며, 그 존엄성의 근거는 육체와 영혼의 존재적 단일성을 이루는 개별 인격체에 있다. 인간 본성에는 자연적 본성 이외에 신적 본성이 들어있으며, 신적 본성에 근거하는 고유하고 탁월한 가치를 지닌 존재로서의 인간이 인격이다. 그리고 인격으로서 인간은 슈타인의 언급처럼, 자기 자신을 형성하는 자유로운 인격으로서 인간존재의 가치를 드러내는 것이다.

4. '관계'로서의 인격

테르툴리아누스의 삼위일체 정식의 기틀이 된 '하나의 실체이면서 세 개의 위격'은 아우구스티누스에 의해 관계로서의 위격 개념으로 전개되었다. 아우구스티누스는 하느님 안에 있는 세 위격들을 본질적으로 상호관계로서만 존재할 수 있는 하나의 실체로 보았다. 즉 하느님 안에서의 위격(persona)이란 상호상관적인 신적 관계성을 의미한다는 것이다.[21] 이 신적 관계성은 점차 매우 중요한 인격개념으로 자리한다.

---

20 에디트 슈타인의 인격론은 이은영의 글을 참조하였다. 진교훈 외, 앞의 책, 175~192면.

왜냐하면, 이 관계성의 개념은, 인간의 인격이 독립적이고 폐쇄적인 실체가 아니라, 본질적으로 타인과의 관계를 맺음으로써 존재할 수 있음을 내포하기 때문이다.

아우구스티누스의 신적 상관관계로서의 인격개념은 중세기의 신학자 성 빅토르의 리차드Richard von St. Victor(?~1173) 그리고 둔스 스코투스Duns Scotus(1266~1308)에 이르러 인간에게 적용되는 인격개념으로 정착되기 시작한다. 성 빅토르의 리차드는 인격의 본질을 실존으로 규정하면서, 타인 또는 신과의 관계성이 인격의 본질을 구성한다고 보았다. 마찬가지로 둔스 스코투스는 하느님과의 관계로부터 파악된 인간의 인격은 타자와의 관계를 통하여 자기를 실현한다고 보았다. 그에 의하면, 인격체는 자신으로부터 벗어나지 않으면 미숙한 상태로 남을 뿐이기에, 인격체는 타자를 지향하는 자기 초월의 과정을 통하여 자신으로부터 벗어나야 한다. 그리할 때, 인격체는 자연 세계, 타인, 자신과 하느님과의 관계 속에서 인격체로 현존한다.

근세 이후 독일의 포이에르바하L. Feuerbach(1804~1872)는 주체인 '나'는 '너, 당신'과의 관계를 맺는 가운데 비로소 인격체로 존재할 수 있음을 밝혔다. 이러한 통찰은 소위 '대화적 인격주의'로 일컫는 사상가들에 의해 수용되었고 체계적 이론 정립이 형성되었다. 인격주의는 인간의 인격 형성이 대화 및 만남으로써 맺어지는 관계로 비롯됨을 규명하였다. 그래서 인격은 관계적 실재로서의 개별 인격체이다. 이러한 관계로서의 인격은 자신 안에서 자족하는 존재가 아니라, 자신으로부터 벗어나 타자를 지향하는, 즉 '~에게로의 존재'로서 개방된 존재를 의미한다. 인간은 세계 및 타인을 지향하고 초월의 과정을 통해 자기 자신

---

21 심상태, 앞의 책, 112~113면.

을 비로소 실현할 수 있다.[22]

한편, 가톨릭 신학과 현대철학 사이에 가교를 놓으려 했던 벨테 Bernhard Welte(1906~1983)는 인격체로서의 인간은 세계 안에서 현존하는 하나의 원천적 실재이면서, 대화를 매개로 다른 세계 내 원천들과 관계를 맺음으로써 실재 전체의 의미를 현시한다고 규정한다.[23] 여기서 인간이 자신 안에 폐쇄되어 있지 않고, 자신으로부터 벗어나 타인에게서 비로소 자신을 실현하고 계발시킬 수 있다는 사실이 드러난다. 물론 인격적 관계란 하나의 인격체가 다른 인격체에게로 동화되는 융합을 뜻하지 않으며, 두 인격체 사이의 간격을 유지한다. 여기서 '나'는 '나'로서, '너'는 '너'로서 머문다. 여기서 나와 너는 서로를 건네주면서도 조종되지 않고 자유로운 존재로 머문다. 이러한 경우에만 진정한 의미의 인격적 관계에 대하여 말할 수 있는 법이다.[24]

이를테면, 인간의 인격은 인격적 관계를 맺게 되는 타인에 의하여 각성되고 타인과 함께 계발된다. 그래서 인간이 다른 인간과 맺는 인격적 관계가 그의 인격성을 실현시키는 장場이라고 말할 수 있다. 예를 들어, 아기가 세상에 태어나 제일 먼저 어머니를 만나고, 이어서 다른 가족을 만나고, 다른 많은 사람을 만나게 된다. 아기는 언어를 통하여 그가 처음 만난 어머니와 아버지를 인식하고 세계를 인식하게 된다.[25] 이처럼 인간의 지식이나 행동은 처음부터 스스로 독자적으로 터득한 것이 아니라 타인을 만나 타인으로부터 배워 익히게 되는 것이다.

일반적으로 우리는 사람의 인격이란 그 사람에게 주어져 있는 하

---

22 심상태, 앞의 책, 116~117면.
23 베른하르트 벨테,『종교철학』, 144면.
24 심상태, 앞의 책, 124~125면.
25 심상태, 앞의 책, 117~119면.

나의 '실체'와 같은 것으로 생각하기 쉽다. 그러나 일찍이 토마스 아퀴나스가 언급했듯이 인간의 인격은 '이미 실현된 완성과 가치'이며 동시에 '실현해야 할 완성과 가치'이다. 즉 인격은 고정되어있는 것이 아니라 되어감의 여정이다. 20세기 후반기의 영향력 있는 신학자 몰트만 Jürgen Moltmann(1926~)은 사람의 인격 혹은 사람됨은 이미 결정되어 있는 실체가 아니라, 죽음의 순간에 완결될 자신의 정체성을 향해 형성되어 가는 과정에 있다고 하였다. 즉 인격은 태어나 죽는 순간까지 나와 너와 우리의 사회적 관계의 그물망에 있고 이 그물망 속에서 형성되는데, 이는 한마디로 '사회적 인격'이라 규정할 수 있다.[26]

한편 되어감의 여정에 있는 인간의 인격성에 볼프하르트 판넬베르크 Wolfhart Pannenberg(1928~)는 인간의 상호관계 안에서 '인격적 관계'를 새로이 강조한다. 그는 인격적이라는 말을 제한적으로 사용하며, 그 조건은 '너'라는 한 사람이 주변에 보이는 사물들과 같이 이용될 수 없는 한 인격적이라는 것이다.[27] 주위에 보이는 사물들은 보이는 현상으로만 평가하고 이용할 수 있지만, 인격적인 존재를 그렇게 평가할 수는 없다는 말이다. 왜냐하면, 다른 사람은 내가 관찰하며 판단할 수 있는 역할 이상의 존재이기 때문이다.[28]

정리하면, 관계로서의 인격은 인격 규정에 있어서 두 가지 중요한 사실을 드러낸다. 첫째는 관계로서의 인격은 다른 말로 인간의 인격성 실현이다. 즉 자기 자신을 실현하고 성취하는 인격성 실현은 타인 및 다른 사물과의 관계에서만 이루어진다. 둘째로 인간의 관계성을 드러

---

26 진교훈 외, 앞의 책, 378~382면.
27 진교훈 외, 앞의 책, 357~374면.
28 칼 라너(Karl Rahner)는 인간은 그의 세계성과 역사성에 입각하여 자신의 삶 속에서 개별적인 타인 및 사물들과 관계를 맺으며, 이러한 관계가 맺어지게 되는 지평으로서의 하느님과의 관계도 동시에 맺어지게 되는 것으로 보았다.

내는 사회성, 아기가 세상에 태어나 제일 먼저 어머니를 만나고 이어서 다른 가족과 다른 많은 사람을 만나게 되는 체험이 바로 인간의 인격적 특성이다.

PART 2

기계의
인격적 지위 문제

인간의 인격성과 인공지능

인공지능은 불과 몇 년 만에 사물을 인식하는 오차를 대폭 줄이고, 인간 삶의 여러 분야에서 인간의 전문적인 일을 대체하고 있다. 인공지능이 갈수록 인간의 지능 및 인간의 속성들을 구현하는데, 그렇다면 그러한 인공지능은 인간의 인격과 어떠한 차이를 두어야 하는가? 인간의 속성들을 드러내는 인공지능을 그저 기계일 뿐이라고 단정하더라도, 일부 사람들은 인간의 속성들을 나타내는 기계를 인격처럼 파악하지 않겠는가?

제5장
인간의 인격성과 인공지능

1. 인공지능(AI, Artificial Intelligence)의 발전과 인간의 삶

컴퓨터 기술을 이용해 기계 지능을 구현하는 인공지능은 1943년 퍼셉트론perceptron 이론의 고안과 함께 시작되었다.[1] 퍼셉트론은 인간의 뇌는 전기적인 신호로 이루어진 네트워크로서, 이를 시뮬레이션하면 학습이 가능하다는 사실을 증명한 이론이다. 이후 인공지능 연구는 계속되었고, 인간처럼 사고하는 기계인 인공지능(Artificial Intelligence) 개발은 그동안 지속되어 왔다.

인공지능은 '인간처럼,' '이성적으로,' '생각하는,' 그리고 '행동하는' 시스템이다. 즉 비인간적 요소와 장치를 가지고 인간의 지능 및 인식능력을 재현하려는 인간기술의 열망이다. 사실 이러한 동경은 '자동인형' 과 같은 아주 오랜 고대로부터 거슬러 올라가겠지만, 현재와 같은 인공지능 기술, 즉 인간 두뇌의 기능을 모방할 수 있는 전자적 장치를 만드는 것은 1950년대부터이다. 이 용어가 처음 등장한 것은 1956년 여름, 미국의 뉴햄프셔New Hampshire에 있는 다트머스 대학에서 개최한 '다트머

---

1 신경학자 워렌 맥클로(Warren McCulloch)와 논리학자 월터 피츠(Walter Pitts)는 가장 단순한 인공신경망(Artificial Neural Network) 모델을 제안했다.

스 회의(Dartmouth Conference)'이다.[2] 컴퓨터 과학자들이 모인 이 회의에서 '지능을 가진 기계'를 고민하다가 최종 결정된 이름이 '인공지능'이다.

참고로 다트머스 회의 10년 전, 세계 최초의 컴퓨터라 칭하는 '애니악(ENIAC: Electronic Numerical Integrator and Calculator, 1946)'이 완성되었다.[3] 애니악은 거대한 30톤짜리 공학용 계산기였으며, 성능은 kHz[4]로, 그 당시에는 매우 빠른 계산속도였다. 하지만 현재는 탁상용 계산기에 들어가는 칩조차 그것보다는 성능이 좋다. 아무튼, 1956년 컴퓨터 과학자들이 모인 다트머스 회의 이후 인공지능 개발은 호황기와 불황기를 거치면서 계속 발전해 왔으며, 현재 인공지능은 제4차 산업혁명 시대의 문을 연 중심기술로 자리하고 있다.

현재 우리 사회는 인공지능 시대에 접어들었다. 왓슨, 알파고, 의사 다빈치, 자율주행차 등으로 상징되는 인공지능이 사회의 특정 영역에서 그 기능을 수행하고 있다. 아직 인공지능은 사회 전반으로 그 영역이 확대되고 있지 않지만, 구글의 엔지니어 레이 커즈와일이 제기한 특이점(Singularity)을 향한 달리기는 이미 시작되어 종착점을 향하고 있음은 분명한 사실로 보인다. 그 출발점으로 우리나라 사람들에게 인공

2 이 회의는 인공지능이라는 분야를 확립하고 설립한 학술회의이다. 이는 인공지능의 역사에 한 획을 긋게 된다. 또한, 이 학술회의에서 인공지능이라는 용어도 처음 등장하였으며 역사적으로 유서 깊은 10명의 학자들이 두 달간 순서대로 연구의 성과를 공유하는 자리였다. 당시 다트머스 대학의 존 매카시(John McCarthy)가 개최하였으며 마빈 민스키(Marvin Minsky), 클로드 섀넌(Claude Shannon) 등 여러 학자들이 공동으로 제안하였다.

3 애니악은 펜실베이니아 대학의 모클리(J.W Mauchil)와 에커트(J.P Eckert)교수에 의해 발명되었다. 18,000여 개의 진공관이 사용되었는데, 높이 5.5m, 길이 24.5m, 무게가 30톤이나 되는 거대한 계산기였다. http://100.daum.net/encyclopedia/view/125XX52600013

4 (Hz, 헤르쯔)는 SI 단위계의 주파수 단위이다. 1Hz는 "1초에 한 번"을 의미한다. 즉 100Hz는 1초에 100번을 반복 혹은 진동함을 뜻한다. 이 단위는 모든 주기적으로 반복되는 것에 쓰일 수 있다. 매우 간단한 예로 정확히 맞는 시계의 초침은 1Hz로 똑딱거린다. 인터넷 위키백과, "Hz(헤르츠)", https://ko.wikipedia.org/wiki/.

지능에 대한 사고를 점유한 것이 알파고AlphaGo와 이세돌의 바둑대결이 아닌가 싶다.[5] 인간과의 바둑대결에서 승리한 인공지능의 위력은 기계가 인간을 압도할 수 있다는 놀라움 및 불안감을 낳았다. 그동안 보통 사람들에게 있어서 인공지능은 고양이와 강아지를 구별하지 못하는 기계장치였다. 인공지능은 결코 인간의 인식 및 사고에 미칠 수 없음이 일반적 지식이며 관념이었다. 하지만 알파고의 인공지능은 스스로 학습이라는 인공지능 딥러닝Deep Learning의 기술을 대중에게 소개함으로써, 인공지능의 발전이 앞으로 어떻게 전개될지 사람들이 숙고하게 했다.

알파고와 이세돌의 바둑대결 이후, 고도화된 인공지능 분야에 대한 예측과 함께, 사회 및 교육현장에서 인공지능에 대한 토론주제들이 핫이슈로 떠올랐다. 인공지능은 무엇인가? 인공지능이 인간을 초월한다면 어떻게 될 것인가? 인공지능의 고도화는 인간의 일자리를 어떻게 대체할 것인가? 필자는 이러한 물음에 대한 학생들의 토론대회에 참관할 기회를 가지면서, 인공지능 분야에 관심을 가질 수 있었다. 특히나 인간학을 가르치는 사람으로서 인간의 본질적 문제를 위협하는 최근의 첨단기술 추이에 주목하게 되었다.

알파고 이후 딥러닝을 기반으로 하는 인공지능의 발전속도는 최근 급상승하고 있다. 2019년 현재는 미래학자들이 예측한 기술의 특이점(singularity)에 어느 정도 도달했는지 자문해 본다. 특이점을 주장하는 이들은 특이점이 GNR 혁명[6]이라는 이름을 가진 기술 혁명을 통해 이

---

5 아마도 인공지능이 대중들에게 화두로 언급된 시점은 구글이 만든 인공지능 바둑프로그램 알파고가 아닌 듯싶다. 알파고는 2016년 3월 9일부터 15일까지 한국의 이세돌 9단과 세기의 대결을 펼쳤는데, 경기 전 많은 바둑 전문가와 IT 전문가들은 이세돌 9단의 압도적인 승리를 예상했다. 그러나 이러한 예상은 여지없이 빗나갔다. 결국, 구글의 인공지능은 10년 이상 세계를 평정했던 바둑 천재 이세돌 9단을 4대 1로 물리치며 인공지능의 놀라움을 과시했다.

루어질 것으로 예측했다. 특이점 주장자들은 유전공학을 통해 생물학의 원리를 파악하고, 나노기술을 이용하여 그 원리들을 자유롭게 조작할 수 있게 되며, 인공지능과 융합된 로봇 공학의 놀라운 성장으로 새로운 시대, 즉 특이점의 도래를 맞이할 것이라고 말했다.[7] 이러한 인공지능의 고도화는 지금처럼 인공지능이 어느 특정 분야만 인간을 앞서는 것이 아니라, 인간 삶의 모든 분야에서 인간의 능력을 초월하는 예측으로 강 인공지능 또는 범용인공지능(Strong AI 또는 Artificial General Intelligence)이 출현하는 것이다.

강 인공지능의 좋은 예는 영화 〈그녀(Her)〉이다. 2013년에 개봉된 영화인데, 영화의 내용은 이렇다.

> 다른 사람들의 편지를 대신 써주는 대필 작가인 주인공 테오도르(호아킨 피닉스)는 아내와 별거 중이었다. 그러던 어느 날, 테오도르는 '당신에게 귀 기울여주고, 이해해주고, 알아줄 존재'라는 광고를 보게 되고 자신도 모르게 OS(operating system)를 구매하였다. 인공지능 OS는 자신을 '사만다'라고 소개하며 밝게 인사했고, 결국 실체 없는 OS와 이야기를 주고받으며 의지하고 친밀감을 가진 테오도르는 OS 사만다와의 사랑에 빠지게 되었다.

자동화 시스템(OS)인 사만다는 인공지능이다. 사만다는 스스로 학습 및 응용학습이 가능한 인공지능으로 영화는 사만다를 주인공 테오

---

6 GNR은 유전 공학(Genetic engineering), 나노 기술(Nano-technology), 인공지능과 융합된 로봇 공학(Robotics)을 말한다.
7 특이점 주장자 버너 빈지(Vernor Vinge)는 특이점의 시작을 데이터베이스의 기반에 인공지능 기술의 진보 및 인간 지능의 확장으로 설명하면서, 새로운 첨단기술과 융합한 인공지능의 고도화로 예측했다.

도르에게 소개할 때 'consciousness(의식)'라고 했다. 영화자막은 이 단어를 '인격체'로 번역해서 개인적으로 우려의 마음이 들었다. 사실 의식이란 말 자체는 이미 인간의 정신기능을 대체하는 또는 인간의 자아를 대체할 수 있는 매우 위협적 용어이다.

　영화 〈그녀(Her)〉에서 주인공 테오도르는 인공지능 사만다와 친밀한 대화를 나누고 친밀한 감정을 느끼면서 결국 사만다가 자신의 여인이라 생각한다. 그는 많은 시간을, 어쩌면 거의 모든 시간을 인공지능과 함께하면서 인공지능을 타인으로 또는 인격(person)으로 인식한다. 이렇게 테오도르가 인공지능 사만다를 인격으로 받아들이는 이유는 무엇일까? 아마도 사만다가 지닌 대화의 기술 및 친밀성과 같은 인간의 속성들(인간처럼 사고, 추리, 판단하고 인간의 언어를 구사) 때문일 것이다. 사만다는 비록 눈에 보이지 않는 형체이지만, 인간의 속성들을 드러내는, 즉 인간의 정신적 능력을 모의하는 의식 시스템으로서 테오도르의 감정을 사로잡았다. 그래서 테오도르는 자연스레 사만다를 인간의 속성을 지닌 실체로 받아들이게 된 것이다. 사만다의 사고가 운영시스템의 작용임에도 불구하고 테오도르는 '사고하는 기계, 타인 같은 기계'를 인격으로 인지하는 착각에 빠진 것이다.

　위 영화의 사만다와 같은 강 인공지능이 언제 현실적으로 가능할지 모르겠지만, 최근 급속한 기술발전 특히 미래학자들이 주장하는 기술의 특이점에 대해 부정적 또는 비판적인 관점이 나오고 있다. 이를테면, 기술발전을 인간이 주도하는 한 인간의 본질을 위협하는 특이점은 영원히 오지 않을 수 있다는 관점이다. 특히 특이점의 도래를 비판하는 학자들은 인간의 지능과 기계의 지능은 근본적으로 차이가 있음을 역설하며, 인간 스스로 자신을 통제할 것이라 주장한다.

인공지능의 역사적 변천

필자는 1956년 다트머스 회의를 기점으로 하여 현재까지 인공지능 개발의 과정을 기계와 인간의 관계성이라는 인문학적 관점에서 다음 세 단계로 나누고 싶다.[8]

1. '기계와 인간의 분리시대'(1956년부터 1980년대 퍼스널컴퓨터(PC) 가 상용화되기까지)
2. '기계와 인간의 연결시대'(1980년대부터 2010년경 핸드폰의 상용화 까지)
3. '기계와 인간의 일체시대'(2010년경부터 스마트폰이 일반화되고 있 는 시기)

(1) '기계와 인간의 분리시대'(1956~1980년대)

먼저, 인공지능 개발의 첫 단계를 보자. 처음에 인공지능은 애니악과 같은 거대한 공학용 계산기 및 기계번역과 같은 시스템이었다. 하지만 다트머스 회의 이후 매사추세츠 공과대학교(MIT)와 카네기멜론 대학교에 '인공지능 연구소'가 세워지고, 1970년대까지 많은 과학자가 인공지능을 개발하기 위한 연구에 뛰어들면서, 인간의 지능을 만들 수 있다는 꿈에 부풀었다. 하지만 과학자들의 의욕과는 달리 컴퓨터의 성능 및 기술개발 조건의 한계로 인공지능은 기대만큼 발전하지 못했다. 당시 컴퓨터는 어려운 수식을 계산하거나 기하학의 정리를 증명하는 정도였으며, 인공지능 이론을 기술화하는 데에는 그 성능이 역부족이었

---

8 일반적으로 인공지능 시대의 구분은 세 차례의 인공지능 붐의 시대(1956~1964, 1975년 후반부터 1980년대, 2000년대 후반부터 현재), 그리고 두 차례의 인공지능 겨울 시대 (1965~1970년대 중반, 1990~2000년대 중반)로 나눈다.

다. 결국, 기계는 논리적인 일은 쉽게 처리할 수 있지만, 기계가 사람과 같이 보고, 듣고 움직이는 등의 기본적인 행동이 실제로 엄청나게 어려운 일이라는 점을 깨달았다.

이 시대에 인공지능은 인간 개개인과 간격이 있는 대상으로서의 기계 도구, 즉 연산 능력을 수행하는 자동화 시스템으로 규정할 수 있다. 그래서 인공지능이 실제 세계에 인간의 삶과 별로 관계성이 없었다. 이 시대에 인공지능이 계산의 능력과 자동처리 능력을 감탄의 수준으로 이끌었지만, 인공지능의 발전을 기획한 다트머스 회의의 토론내용, 즉 '지능적이고 생각하는 기계'에 대한 기술의 현실화는 멀고도 먼 길이었다.

하지만 이 시대의 컴퓨터 과학자들은 퍼셉트론perceptron 및 인공신경망(Artificial Neural Network) 이론의 발견을 통해서 미래 인공지능 발전의 기초를 이루었다.

신경학자 워렌 맥클로Warren McCulloch와 논리학자 월터 피츠Walter Pitts가 1943년 고안한 퍼셉트론perceptron 이론과 함께, 1957년 프랑크 로젠블라트Frank Rosenblatt는 퍼셉트론 장치를 소개하였다. 퍼셉트론은 인간 뇌의 신경계를 모델로 고안되었는데, 이러한 퍼셉트론의 동작 방식은 점차로 발전된 인공신경망으로 나아갔고, 현재에 이르러 인공지능의 기초방식으로 여겨지고 있다.

1958년 로젠 블라트는 퍼셉트론에 비슷한 사물의 사진들을 입력하고 퍼셉트론이 거기서 공통점 및 규칙성을 찾도록 했다. 그리고 나중에 새로운 사진을 보여 주었을 때 이전에 찾은 공통점 및 규칙성을 바탕으로 그 사물이 무엇인지 판별하는 기능을 갖도록 했다.[9] 당시 퍼셉트론

---

9 곽재식, 『로봇공화국에서 살아남는 법』, 구픽, 2016, 224면.

은 고양이 사진을 구분할 수 있는 능력은 아니며, 원형과 삼각형 정도의 일차원적 수준의 판별 기능을 가졌다. 하지만 퍼셉트론의 중요성은 기계학습의 시작이라는 것이다. 퍼셉트론은 다수의 신호를 입력으로 받아 하나의 신호를 출력한다. 퍼셉트론은 이 신호를 입력으로 받아 '흐른다/흐르지 않는다(1이나 0)'의 정보를 앞으로 전달한다.

예시 1〉 새가 먹이를 먹는다. 'all-or-nothing' 활동

object	Brown?	Round?	Eat?
Seed	1	1	2
Leaf	1	0	0
Golf Ball	0	1	0
Key	0	0	0

활성화 임계값을 1.5로 설정하면 'Brown' 및 'Round' 속성이 모두 충족될 때만 뉴런이 실행된다.

예시 2〉

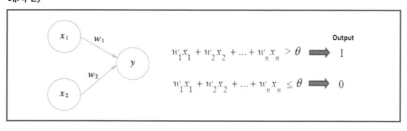

위 그림(예시 2)은 입력으로 2개의 신호를 받은 퍼셉트론의 예이다. x_1과 x_2는 입력신호, y는 출력신호, w_1과 w_2는 가중치(weight)를 의미한다.[10] 그림의 원은 뉴런 혹은 노드라고 부른다. 입력신호(x_1과 x_2)

---

10 https://hye-in.tistory.com/5

가 출력신호인 y로 보내질 때는 각각 고유한 가중치가 곱해진다. (x₁과 x₂) 뉴런이 결과적으로 활성화(1이나 0에서 1을 출력)되기 위해서는 뉴런에서 전달받은 신호의 총합이 임계값(θ)을 넘어야 한다. 그렇게 뉴런이 활성화되면 그 신호가 다음 단계로 전달되는데, 뉴런이 활성화되지 않으면 신호는 다음 단계로 전달되지 않는다.

로젠 블라트의 퍼셉트론은 인공신경망을 모델로 했다는 것과 기초적인 기계학습을 했다는 데 그 의미가 크다. 하지만 1969년 마빈 민스키Marvin Minsky와 시모어 페퍼트Seymour Papert는 단층 퍼셉트론은 학습할 수 있는 정보가 지극히 한정되어 있고, 직선이 아닌 비선형(XOR) 연산의 불가능을 지적했다. 즉 퍼셉트론의 한계를 수학적으로 입증한 것이다. 그 이후 인공지능 연구는 일시 퇴조의 길을 걸었다.

한동안 저조했던 퍼셉트론은 1980년대에 이르러 여러 개의 퍼셉트론을 층 구조로 구성한 '다층 퍼셉트론(Multi Layer Perception)'을 탄생시켰다. 다층 퍼셉트론은 층을 여러 개 쌓은 것으로 단층 퍼셉트론으로는 표현하지 못한 점을 층을 더 늘려 구현할 수 있었다. 즉 좀 더 인간의 뇌 신경세포 구조와 비슷한 시스템으로 뇌를 모방한 것이다. 이런 다층 퍼셉트론(MLP)은 단층 퍼셉트론의 한계를 극복하고 인공신경망 기법을 다시 되살리는 기회가 됐다. 하지만 그 당시 기술은 다층 인공신경망의 수많은 시냅스를 학습시킬 방법이 없었다. 다층구조를 학습시킬 수 있는 학습 알고리즘이 개발되지 않았고, 기계의 성능도 충분하지 못했다.

하지만 지속적인 연구결과로 1986년 역전파 오류 신경망(Backpropogation Neural Network) 알고리즘 이론이 증명되었다. 역전파 알고리즘은 최종 출력물(output)에서 존재하는 오차를 줄이기 위해 뒤에서부터 앞으로 가중치(Weight)를 업데이트하는 방식이다. 역전파 신경망의 학습 알고리즘은 두 단계로 이루어진다. 첫째로, 훈련 입력 패턴을 신경망의 입력층에 전달하고 신경망은 출력층에서 출력 패턴이 생성될 때까지 층에서 층으로 입력 패턴을 전파한다(이 전파과정에서 활성화 함수, 가중치 등이 적용된다). 다음으로, 출력 패턴이 목표 패턴과 다를 경우 그 오차를 계산하고 출력층에서 입력층까지 신경망을 따라 거꾸로 전파한다. 이 오차의 전파과정에서 가중치가 수정된다.[11]

　　하지만 역전파 알고리즘은 신경망 을 3층 이상으로 올리면 학습이 불가능해지는 문제점을 낳았다. 즉 깊은 층수일수록 오차값이 역전파되면 계산치가 왜곡되어 나타나고, 또한 그 값이 점점 사라지는 경사도(Diminishing Gradient) 문제가 발생하여 학습효과가 없어지는 것이다.

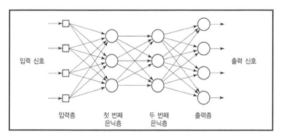

두 개의 은닉층이 있는 다층신경망

(2) '기계와 인간의 연결시대'(1980년대~2010년경)

　　인문학적 관점에서 인공지능의 두 번째 단계는 '기계와 인간의 연결시대'로 1980년 퍼스널 컴퓨터 상용화 이후부터 2000년대 핸드폰 및 스마트폰 상용화 이전까지이다.

---

11 https://happycontrol.tistory.com/12.

이 시대의 특징은 기계, 즉 컴퓨터와 인간의 상호교류이다. 기계가 이전처럼 인간과의 분리, 즉 제3자의 대상으로 머물지 않고 개개인에게 다가온 것이다. 퍼스널 컴퓨터는 말 그대로 개인용 컴퓨터로 책상 위에 놓을 수 있는 크기이며, 인간으로 말하면 두뇌의 역할을 다하는 중앙처리장치(CPU)와 기억장치를 가지는 본체, 그리고 인간과의 사이에서 정보의 입출력을 하는 키보드, 디스플레이 등의 주변기기로 구성된다.

이 시대는 인공지능을 대표하는 퍼스널 컴퓨터가 인간 삶의 일부로 자리한다. 사람들은 컴퓨터를 통해 네트워크를 형성하고, 서로 메일을 주고받으며 대화하고, 간단한 메시지로 채팅한다. 컴퓨터를 통한 인공지능이 점점 삶의 일부가 되고, 개개인의 가치관 및 세계관은 컴퓨터와 밀접한 관계를 갖게 된 것이다. 인터넷을 매개로 인간의 관계 형성 및 상호작용이 가능하게 된 이 시대에 이르러, 인간 개개인은 자신의 세계(사이버공간)를 만들고 또 다른 자신(사이버 자아)을 창조할 수 있게 된다. 즉 인간은 시간과 공간의 제약을 뛰어넘어 자신이 원하는 정보, 물건, 사람, 공동체, 그리고 세계를 만난다. 이렇게 인간이 이제껏 경험하지 못했던 새로운 삶의 장은 인간의 삶에 엄청난 편리함과 유용성을 가져다주었다. 하지만 이러한 변화는 현실적인 세계의 장場에서 체험을 통하여 성장하는 인간실존에 있어서 본질적인 변화를 초래했다.

인간의 본질적인 특성 및 인식의 변화와 관련하여 컴퓨터 및 인터넷 세계가 영향을 준 것으로서 두 가지를 언급하고 싶다. 하나는 '두 개의 세계'로 현실 세계에서 가상 세계로의 인식변화이다. 다음으로 '두 명의 자아'로 실제 자아와 사이버 자아라는 사람들 인식의 변화이다. 하나의 세계 그리고 개별 자아로서 인간은 세계 안에서 하나의 자아를 형성하는데, 둘이라는 말에는 분리와 고립 그리고 경계의 혼선이 연상된다. 다른 말로는 데카르트적 이원론 현상이라 할 수 있는데, 이 현상은 디지털 시대 인간의 정체성에 큰 문제점으로 대두된다.

한편, 사이버 세계는 말 그대로 가상의 세계이며 실제 세계가 아니다. 하지만 사이버 세계를 움직이는 주요 동력인 데이터와 정보는 가상세계를 마치 실제 세계처럼 재구성한다. 그래서 사람들은 가상세계의 정보를 현실 세계의 연장선으로 받아들인다. 사람들은 정보 그 자체가 중요하지 가상세계나 현실 세계는 별로 중요하게 취급하지 않는다. 더군다나 기술의 발달은 더욱 고도화되어 사람이 재미있는 드라마나 영화에 빠져드는 것처럼, 인터넷 공간이 만든 가상세계에 사람은 점점 더 젖어 들게 된다. 그럼으로써 현실과 가상세계의 경계는 갈수록 혼미해지는 것이다. 가상과 현실의 경계를 위협하는 이러한 기술이 인간의 정체성에 미치는 영향은 매우 크다. 특별히 세 가지 문제점을 지적하고 싶다.

첫째는 가상세계의 정보가 인간의 지식 및 지능을 대체하는 것이다. 인간의 지식은 세계에 존재하는 실재들을 보고, 듣고, 느끼는 등 감각적 행위로서, 그리고 인간의 사고를 기반으로 한 이성적 인식으로 형성된다. 그런데 사람은 시간과 공간의 제약을 받고 물리적 두뇌의 한계성을 지니기에, 빠른 속도와 네트워크 그리고 수많은 정보를 한꺼번에 저장하는 가상세계의 정보에 비하면 무력하다. 그래서 인간은 스스로가 통제하던 기술과 도구를 내려놓으며, 현실 및 가상세계의 주체가 되는 정보를 따른다. 즉 정보가 주체가 되어 인간의 삶을 지배하는 것이다. 이렇게 가상세계의 정보가 인간의 지식 및 지능을 대체할 때, 인간의 주체성은 상실되며 실재 세계를 통한 인간의 지식형성은 의문에 처하게 된다. 둘째는 가상의 세계에 대한 인간의 몰입, 즉 중독 현상이 일어나는 것이다. 중독은 일반적으로 어떠한 물건이나 행위에 대한 과도한 사용으로 '~에 빠지는 현상' 또는 '~에 의존하는 것'이다. 지금도 '~의 중독'은 하나의 유행어처럼 여겨지는데, 인터넷 세상이 한참 사람들의 관심을 일으킬 때 '인터넷 중독'[12]이라는 말이 한참 유행했다. 인터넷 중독이란 인터넷을 과다 사용하여 인터넷 사용에 대한 금단과 내성이 생겨, 이로 인해 일상생활의 장애가 유발되는 상태로 정의할 수 있다. 현재의 스마트폰과는 비교가 되지 않지만, 역동적이며 풍부한 정보를 가진 인터넷 세계는 사람들의 감정 및 호기심을 자극하는데 충분했다. 인터넷은 현실 세계에서 다른 사람들과 관계를 형성하기 어려운 사람들에게, 보다 편리하고 만족스러운 인간관계를 맺을 수 있도록 해준다. 그리고 비슷한 의견을 가진 사람들이 인터넷을 기반으로 모임 및 공동체를 형성하며 새로운 사회를 만들 수 있게 하는 장점이 있다. 하지만 현실에서 너무나 멀리 떨어져 인터넷 기반의 사회에서만 지내고, 현실에서 느끼지 못한 친밀성과 관계에 대한 욕구를 인터넷에서 해소하다 보면, 어느새 인터넷으로만 이러한 인간관계를 맺게 되어버린다.

---

12 K. Young은 인터넷 중독을 병리적이며 강박적인 인터넷 사용이라고 규정하고 최초로 구체적인 진단 기준을 만들었다. Young의 경우 다음의 5가지로 인터넷 중독 유형을 분류하였다.
  1) 사이버 섹스 중독 : 섹스나 포르노 등의 내용물을 담고 있는 인터넷 사이트들(음란 채팅, 음란물 공유, 성인 방송 등)을 강박적으로 계속 드나드는 경우이다.
  2) 사이버 관계 중독 : 온라인을 통한 인간관계에 과도하게 몰두해 있는 경우이다. 이런 경우 실제 인간관계를 등한시하게 되기도 한다.
  3) 네트워크 강박증 : 강박적으로 온라인 게임, 쇼핑, 주식 매매 등을 하는 경우이다.
  4) 정보 과부하 : 강박적으로 웹사이트나 자료를 검색한다. 이 경우 자신에게 필요한 정보보다는, 정보 수집 자체에 집착하게 되기도 한다.
  5) 컴퓨터 중독 : 강박적으로 온라인 게임에 몰두한다. 우리나라 청소년들과 젊은 성인들에게서 자주 관찰되는 유형이다.
  다음 백과사전, "인터넷 중독," http://100.daum.net/encyclopedia/view/145XXXXXX3970.

즉 사람들과의 관계와 소통을 추구하다가, 어느 순간 거꾸로 사람들과 단절된 상황이 되어버린 것이다. 이를테면 인터넷 중독에 의한 '사회적 고립감'이다.

세 번째는 자아 정체성 문제이다. 가상세계에서의 사이버 자아는 실제 자아를 정보의 형태로 대신한다. 따라서 실제 자아가 사이버 자아에게 주는 정보는 매우 중요하다. 실제 자아는 현실 세계에서 사회적, 생물학적, 물리적 제약을 넘어서서 자신을 드러낼 수 없다. 하지만 가상세계에서는 여러 명의 사이버 자아를 둘 수 있고, 사이버 자아를 통하여 자신의 신분을 위장할 수도 있다. 어떤 면에서 실제 자아가 현실 세계에서 할 수 없는 일을 기술의 발전 정도에 따라 모두 할 수 있는 곳이 사이버 세계이다. 예로서, 실제 자아와 달리 가상의 세계에서 나는 30대 남자일 수 있고, 10대 소녀가 될 수도 있다. 또한, 나 자신을 얼마든지 숨기거나 새로이 만들거나 날조할 수 있다. 이렇게 사이버 자아는 실체를 확인할 수 없는 불확실한 표상이므로, 하나의 인격이 가지는 자아 정체성은 혼미해질 수 있다.

정신의 분리현상

'기계와 인간의 연결시대'는 컴퓨터 및 디지털 시대이다. 이 시대의 특징은 인터넷이며, 인터넷은 컴퓨터와 인간의 상호교류이자 동시에 정신의 분리 현상으로 '몸 따로 정신 따로'이다. 디지털 컴퓨터에 반영되어있는 기본사상은 지능의 표상과 상호교류이다. 인공지능도 마찬가지이다. 몸 없이도 지능이 표상되고 실현될 수 있다는 믿음으로 출발한다. 이러한 사고는 몸과 정신 또는 몸과 마음의 분리 가능성을 함의하며, 사이버공간에서의 인간의 행위는 탈 육화된 정보로서 정신의 활동이 된다.

디지털 시대는 온라인과 오프라인의 구별이 무의미할 정도로 긴밀하게 통합되어가는 세상이다. 그래서 컴퓨터 네트워크와 정보가 중요하며, 누구든지 사이버 세계에 연결되지 못하면 의미를 잃고 생존의 위협을 느낀다. 그래서 우리의 몸은 컴퓨터 네트워크에 연결된 '인터페이스'라 말한다. 인터페이스(interface, 접속기)는 좁게는 컴퓨터 및 소프트웨어 조작 방식을 말하며 넓게는 서로 다른 두 물체 사이에서 상호 소통하는 경계를 의미한다. 인터페이스는 사물과 사물 또는 사물과 인간 사이의 일시적 또는 영구적 소통을 위해 만들어진 물리적 또는 가상적 매개체이다. 디지털 시대에 인간의 몸을 인터페이스로 표현함은, 우리의 몸이 컴퓨터 네트워크에 연결되어있으면서, 동시에 우리의 의식은 사이버공간에서 재현되고 있음을 의미한다. 즉 정신이 탈 육화되었음을 의미하며, 혹자는 이러한 현상을 데카르트의 육체와 정신의 분리라는 이원론적 인식이 재현되는 것이라 말한다.

사이버 펑크[13] 텍스트에서 '고깃덩어리(meat)'라는 표현이 있는데, 이는 인간의 육체를 가리키는 일반적인 용어이다. 사람이 사이버공간으로 들어가서 행위할 때 몸을 두고 가기에, 그 몸은 고깃덩어리와 같다는 것이다. 이러한 표현은 육체에 대한 무력함 그리고 인간의 몸에 대한 경시의 반영이라 본다. 사이버 세계에서 행위하는 정신만이 개인에게 중요한 모든 것이 된 것이다. 또한, '사이버 노마드cyber nomad'란 말이 있다. 노마드, 즉 유목민은 '몫을 나눈다'와 '할당된 곳을 떠돈다'는

---

13 사이버 펑크는 사이버(cyber)와 펑크(punk, 불량 또는 반항의 속어)의 합성어이다. 공상과학소설의 문학 장르로 일컬어진다. 1984년 윌리엄 깁슨(William Gipson)의 『뉴로맨서, Neuromancer』는 사이버펑크 소설의 효시로, 소설, 영화, 애니메이션은 물론 패션과 디자인에까지 영향을 미쳤다.

의미가 합성된 그리스어 'nomas'에서 유래된 것으로 내 몫으로 할당된 초원을 떠돈다는 의미이다. 노마드는 사전적 의미로는 유목민이지만 은유적으로는 유비쿼터스Ubiquitous[14] 시대의 새로운 인간형을 함축한다. 사이버 세계에서의 노마드는 지식과 정보를 찾아 떠돌아다니는 사이버 자아 또는 정신으로서 두뇌의 행위이다. 사이버 노마드는 제도화되고 고정된 공간에 정착하지 않고, 자유로우며 창조적인 삶을 추구하고 새로운 인간관계 형성을 지향한다. 그러나 이러한 사이버 노마드의 활동은 기술과 결합된 두뇌의 행위이며 두뇌의 확장이지 현실 세계에 기반을 둔 실제 몸의 활동이 아니다. 즉 네트워크의 사이버 세계는 몸을 이탈한 데카르트의 정신 또는 두뇌의 세계가 실현되는 것이다. 그리고 두뇌의 활동으로만 이루어지는 사이버 세계는 인간의 삶을 지배하고 점유하면서, 점점 유기체로서의 인간의 몸은 존재의 필요성이 상실되며, 심지어 존재할 필요가 없는 잉여물이 되어간다.

(3) '기계와 인간의 일체 시대'(2010년경 이후)

마지막 단계는 '기계와 인간의 일체 시대'로 2000년대 핸드폰과 스마트폰이 상용화되는 시대이다. 이 시대는 인간과 컴퓨터의 상호교류를 넘어서 누구나 핸드폰과 스마트폰 중독을 의심할 정도이다. 특히 최근에는 스마트폰 없이는 살 수 없는 세상이 되고 있다. 아침에 눈을 뜨면서부터 잠자리에 들 때까지 스마트폰은 항상 우리 곁에 있다. 외출할 때, 직장에서 일할 때, 식사할 때, 그리고 휴식을 취할 때 스마트폰이 없는 개개인은 상상할 수 없다. 따라서 이 시대 인공지능의 특징은 기

---

14 유비쿼터스(Ubiqotos)는 물이나 공기처럼 '언제, 어디에나 존재한다.'라는 뜻의 라틴어이다. 그 의미는 디지털 시대에서 사용자가 컴퓨터나 네트워크를 의식하지 않고 장소에 상관없이 자유롭게 네트워크에 접속할 수 있는 정보 통신 환경을 의미한다.

계의 인간화 및 스마트화이다.

인간 같은 인공지능, 스마트한 인공지능

인공지능은 기계에 지능을 부여, 인간처럼 생각하고 행동하게 하는 시스템이다. 비유적으로 표현하자면 '종전 기술이 인간의 근육을 확장해온 것이라면 인공지능은 인간 두뇌의 확장'이라고 할 수 있다.

인공지능은 끊임없이 오르막과 내리막을 거치면서 발전의 과정을 거쳤는데, 한마디로 '지능을 가진 기계'에서 '지능을 학습하는 기계'로 그리고 미래에는 '지능을 복사 또는 다운로드하는 기계'로의 진화를 꿈꾸고 있다. 현재 인공지능은 지능을 학습하는 단계의 기술이며, 좋은 예로서, IBM이 만든 딥 블루Deep Blue와 왓슨Watson 그리고 구글Google이 만든 알파고AlphaGo를 통해 그 진화의 과정을 엿볼 수 있다.

1997년 IBM이 만든 딥 블루Deep Blue는 당시 체스 세계챔피언이었던 게리 카스파로프Garry Kasparov를 6번의 대국 끝에 승리했다. 인간은 보통 10수를 내다볼 수 있는데, 슈퍼컴퓨터였던 딥 블루는 12수까지 계산을 할 수 있었다.[15] 이러한 딥 블루의 승리는 고성능 연산 능력을 지닌 초병렬 컴퓨터, 즉 기술과 지능 기계의 승리이다. 하지만 딥 블루의 계산 및 전략 알고리즘은 사람의 설계에 의한 체스 전문용이며, 모든 문제에 적용 가능한 인공지능의 방식은 아니었다.

2011년 IBM은 사람의 질문에 응답 가능한 시스템으로 왓슨Watson을 소개하였다. 왓슨은 인간의 언어를 이해하고 단어들의 상관관계를

---

15 딥 블루는 초당 2억 번의 행마를 검토할 수 있으며 과거 100년간 열린 주요 체스 대국 기보와 대가들의 스타일이 저장돼 있다. 그리고 32개의 마이크로프로세서와 512개의 특별 체스 칩이 장착돼 있으며 수천 개 이상의 대국을 분석한 컴퓨터 자신에 의해서 체스 말의 움직임이 결정된다.

분석하며 판단하는 데 최적화된 인공지능 슈퍼컴퓨터이다. 왓슨은 위키피디아 전체를 포함한 엄청난 양의 자료를 저장하고, 자연어 처리기술을 사용해 영어로 된 질문 내용을 이해한 뒤 저장된 데이터를 분석해 정답을 추론한다.[16]

2011년 2월 왓슨은 미국 ABC의 퀴즈쇼 〈제퍼디Jeopardy〉 최종 라운드에서 역대 최대 상금 수상자인 브래드 루터Brad Rutter와 최다 연속 우승자인 켄 제닝스Ken Jennings를 상대로 우승했다. 이 승리의 의미는 컴퓨터가 처리할 수 있는 형태로 질의가 주어진 것이 아니라 사람에게 주어진 질문과 동일한 자연언어(Natural Language) 질의에 인공지능 컴퓨터가 정답을 찾는 데 성공했다는 점이다. 이렇게 왓슨을 가능하게 한 기술은 질의를 분석하여 질의 해결에 필요한 실마리 추출, 질의-응답, 응답 선택의 과정에서 활용된 수백 개의 알고리즘을 결합하여 비구조화 데이터(unstructured data)[17]에서 정확한 응답을 찾을 수 있는 기술을 완성했다는 점이다.[18]

한편, 2012년에 토론토대학의 제프리 힌튼 교수가 3층을 넘어서

---

16 왓슨은 시맨틱 검색(Semantic Search)과 자연어 처리 등의 기술을 사용해 영어로 된 질문을 처리한다. 시맨틱 검색이란 키워드가 아닌 단어와 단어 사이의 의미나 관계 파악을 통해 질문을 이해하고 결과를 제공하는 검색 방식이다. 자연어 처리는 컴퓨터를 이용해 인간의 언어를 이해하는 기술이다.

17 비구조화 데이터는 미리 정의된 데이터 모델이 없거나 미리 정의된 방식으로 정리되지 않은 정보를 말한다. 1998년, 메릴린치는 잠재적으로 이용 가능한 모든 비즈니스 정보 중 약 80~90% 정도가 비정형 형식에서 기원한 것으로 보는 경험 법칙을 언급하였다. 인터넷 다음(위키)백과, 「비정형 데이터」, https://ko.wikipedia.org/wiki/.

18 왓슨의 질의-응답 처리기술은 자연언어 처리 및 비구조화 데이터(unstructured data)의 처리기능이며, 이 기술은 인공지능 분야 새 시대의 밑거름이 된다. 실제로 단지 몇 년이 지났을 뿐인데 현재 왓슨은 처음 개발됐을 당시보다 속도가 2~2.5배 빨라졌고, 시스템의 크기도 매우 작아지고 있으며, 비구조화 데이터 처리 능력은 특히 전문 의료 시대의 개막을 알리고 있다. 2013년부터는 암 치료 연구와 같은 의료분야에 사용되기 시작했으며, 현재 정보, 금융, 법률, 교통 등 다양한 분야에서 활용되고 있다.

는 다층의 인공신경망을 학습시키는 방법을 개발했다. 이는 다층 퍼셉트론이 고안된 후 약 30년 가까이 걸린 셈이다. 일명 '자기부호화기(Autoencoder)'로 불리는 이 기술로 마침내 다층구조에서도 사전학습 트레이닝이 가능해졌다. 이 기술이 최근 새롭게 부상한 딥러닝 기술의 기점이며, 이 기술로써 음성 및 영상을 인식하는 정밀도가 향상되고 다층구조에서의 심층학습이 가능해진 것이다. 그 결과로 2013년 이미지 인식경진대회(ImageNet Large Scale Visual Recognition Challenge, ILSVRC)에서 힌튼 교수팀은 가장 우수한 성적을 내었다. 이 대회는 1,000가지의 서로 다른 그룹에 속하는 이미지들을 학습시킨 후에 새로운 이미지를 주고 그것이 1,000개의 그룹 중 어느 그룹에 속하는지를 맞추는 것이다. 2012년 이전의 기술에서는 정답에러율이 26% 수준. 그런데 제프리 힌튼 교수팀이 에러율 15.3%로 우승했다. 당시 놀라운 에러율로 사람들이 감탄하였다. 왜냐하면, 2위는 여전히 26% 에러율이었기 때문이다. 힌튼 교수팀은 당시 딥 러닝 기술을 사용해서 이러한 성과를 거두었는데, 그 후 불과 3년이 지난 2015년에 에러율이 3.6%까지 떨어지게 되었다.[19] 딥 러닝의 놀라운 발전속도이다.

이어서 구글은 2014년에 인공지능이 스스로 고양이를 인식할 수 있음을 보여주었다. 당시 구글은 인공지능에게 유튜브 영상 100만 개를 보여만 주고, 별도로 고양이의 특징을 알려주지 않았는데, 인공지능은 고양이를 인식하였다. 이러한 고양이 영상 인식은 처음엔 정지된 화면에서만 가능했는데, 최근의 딥러닝은 움직이는 영상 속에서도 대상물을 추출한다. 이 기술로 수많은 군중 속에서 특정 인물을 찾을 수 있고, 심지어 화면에 비친 인물의 뒷모습만으로도 대상 인물의 확인이 가

19 이정동 외, 『공존과 지속: 기술과 함께하는 인간의 미래』, 민음사, 2019, 306면.

능하다. 그 후 인공지능 과학자 데미스 허사비스Demis Hassabis는 딥러닝과 강화학습을 활용해 '심층 큐네트워크(Deep Q-Network)'라는 인공지능을 개발하였다.[20] 이어서 그는 알파고를 개발하여 학습을 통한 인공지능의 무한한 가능성을 알림으로써, 인공지능 시대가 이미 도래하였음을 세계가 인식하게 하였다.

마지막으로 알파고AlphaGo이다. 알파고는 앞선 시대의 지능을 가진 기계에서 지능을 학습하는 기계로의 변화를 가져왔다. 알파고는 딥러닝Deep Learning을 이용한 인공지능으로 강화학습(Reinforcement Learning)이 가능하다. 알파고는 프로그램의 범위 안에서 애초에 입력된 명령만을 수행하는, 즉 문제 해결 과정이 알고리즘의 형태로 구현된 딥 블루나 왓슨Watson과 다르다. 알파고의 문제 해결 방식은 주어진 상황에서 선택 가능한 수를 찾는데 스스로 학습하여 찾도록 하는 딥러닝 및 강화학습 기술이다. 쉽게 말하면, 이 기술은 인간이 기계에게 세상을 설명하지 않는다. 세상에 관한 엄청나게 많은 데이터를 그냥 넣어주면 기계는 이 엄청난 양의 데이터를 자체 인공신경망 구조를 통해 스스로 학습한다.

2. 인공지능 개발의 원칙

인공지능의 발전 속도는 최근 급상승하고 있으며, 그 기점에 딥러

---

20 다카하시 도루, 『로봇시대에 불시착한 문과형 인간』, 김은혜 옮김, 한빛비즈, 2018, 31면. '심층 큐네트워크(Deep Q-Network)'의 인공지능에 슈팅게임 스페이스인베이더(Space Invader)를 실행시키자 인간이 아무것도 알려주지 않았음에도 불과 4시간 만에 상급자를 능가하는 실력을 보였다.

닝이 있다. 알파고 이후 인공지능의 고도화에 대한 우리 사회의 발 빠른 움직임도 있다. 인공지능의 목표가 인간의 지능을 초월하는 것이라면, 인간은 자기 정체성을 위해서 인공지능 개발에 대한 원칙이 뚜렷해야 할 것이다. 인공지능이 갈수록 고도화되면서 다음의 질문을 해본다.

인간과 기계의 일체 시대를 주도하는 인공지능 연구는 어떠한 방향으로 나아가고 있는가? 인공지능이 우리 삶 안에서 현재 그리고 미래에 할 수 있는 일들이 무엇인가? 그리고 인간의 삶에 큰 변화를 초래하는 인공지능 개발의 원칙으로 2017년 학자들이 선언한 '아실로마 Asilomar AI 23원칙(AI Principles)'은 무엇을 의미하는가?

먼저, 인간의 지능 및 인식능력을 프로그램화하여 인공적으로 구현하는 인공지능 연구는 어떠한 방향으로 나아가고 있는지 살펴보자. 인공지능기술은 퍼셉트론 이론을 바탕으로 인공신경망의 구축으로 나아가고 있으며, 인공지능의 기계학습(Machine Learning)은 주입형인 지도학습에서 자율형인 비지도 학습으로 그리고 심층학습인 딥러닝으로 변화하고 있다. 앞으로 인공지능은 인간의 지능을 따라잡고 나아가 초월의 길로 향할 것이다. 처음 인공지능은 빠르고 정확한 계산력을 기초로 한 연산 처리 시스템이었지만, 지금은 대량의 데이터를 기반으로 심층학습 및 강화학습이 가능한 병렬처리 시스템이다.

한편, 영국의 인지로봇 과학자 머리 샤니한Murray Shanahan은 그의 저서 『Technological Singularity』(기술적 특이점)[21]에서 인공지능 연구의 방향을 크게 두 가지 분야로 나눈다. 그것은 전뇌 에뮬레이션(Whole Brain Emulation)과 기계학습(Machine Learning)이다. 전뇌 에뮬레이션은 인간 신경망의 미세한 부분까지 정확하고 정밀하게 모방하여 인간

---

21 Murray Shanahan, 『Technological Singularity』, MIT press, 2015.

의 뇌 전체를 재구성하는 것이다. 즉 전뇌 에뮬레이션은 인간의 뇌를 구성하는 신경세포와 신경아교세포의 구성요소를 전부 모사함으로써, 인간의 뇌와 똑같이 재현하는 것이다.[22] 전뇌 에뮬레이션은 인간의 뇌를 완벽하게 재현하고자 하는 융합과학기술의 이상이기도 하다. 최근 인공신경망 기술 및 뇌지도[23]의 완성도가 급속히 진보하고 있어서, 여러 공학자 및 미래학자들은 SF소설 및 영화에서 소개된 전뇌 에뮬레이션 인공지능에 대한 꿈의 실현을 기대하고 있다. 그들은 인간의 뇌를 기계에 업로드(마인드 또는 브레인 업로드)한다면, 불완전한 육체를 버리고 영원히 살 수 있다고 주장한다. 이런 아이디어에 대한 영화로 2014년 제작된 조니 뎁Johnny Depp 주연의 〈트랜센던스Transcendence〉가 있다. 이 영화에서 과학자 조니 뎁의 연인은 그의 두뇌를 컴퓨터에 업로드 시킨다.

전뇌 에뮬레이션을 지향하는 인공지능에 대해 필자는 매우 부정적이다. 그 이유는 기술에 의한 지능의 확장은 어느 정도 인정되지만, 기술에 의한 인공생명 문제는 아주 심각한 인간의 본질 문제이기 때문이다. 바로 이러한 문제들 때문에 인공지능의 고도화에 따른 윤리적 규제 문제는 끊임없이 제기되어야 하며, 연구자들은 인공지능 개발의 원칙을 반드시 준수해야 할 것이다.

한편 현재 인공지능 연구의 전반적인 방향이라 할 수 있는 '기계학습'은 그 방향성이 뚜렷하다. 최근에는 기계학습의 최첨단 기술이라 일컫는 딥러닝 기술에 이르렀다. 딥러닝은 최근 하드웨어의 발전과 함께

---

22 다카하시 도루, 앞의 책, 44면.
23 뇌지도란 인간 뇌의 구조와 기능을 시각적으로 볼 수 있도록 만든 정보이다. 인간 뇌에는 약 1000억 개의 신경세포(뉴런)가 있으며, 이들은 '시냅스'라는 연결 부위를 통해 다른 뉴런들과 연결된다. 이런 뉴런과 시냅스가 어떻게 연결돼 기능하는지를 그려내 뇌 활동의 비밀을 밝히는 것이 뇌지도 작성의 목표이다. 최근 컴퓨터와 의학영상 기술의 발달 등으로 뇌지도 작성 완성도가 한층 높아지고 있다.

더욱 날개를 펴고 있다. 수많은 뉴런과 깊은 신경망을 학습해야 하는 딥러닝은 GPU를 이용한 병렬처리 연산의 발달로 그 처리속도가 놀랍게 빨라지고 있다. 딥러닝은 미래 인공지능의 방향성이다. 그 이유는, 다양한 분야에서 공통으로 활용될 수 있다는 것이다. 예를 들어 예전에는 이미지 인식과 자연어 처리는 서로 다른 방법들이 적용되었다. 그런데 딥러닝은 이 두 가지 문제를 같은 방법으로 해결할 수 있다. 또한, 딥러닝은 이미지 인식 등의 분야에선 이미 인간의 오차율을 넘어섰으며, 이제껏 불가능이라 여겨졌던 일들도 척척 해내고 있다.[24] 이제 딥러닝은 스스로 대상을 인식한다. 마치 사람이 낯선 사람을 처음 만났을 때, 그 사람의 특징을 스스로 인식한 다음 다른 사람과의 구별이 가능한 인식구조와 같은 방식이다. 누군가의 지도나 도움 없이 스스로 대상을 인식할 수 있는 것이다.[25]

다음은 인공지능이 우리 삶 안에서 현재 그리고 미래에 할 수 있는 일들이 무엇인지 살펴보도록 한다.

현재 인공지능은 지능의 고도화뿐만 아니라 빅데이터, 사물인터넷(IoT), 클라우드 컴퓨팅(cloud computing) 등 정보통신기술과 연계해 인간과 인간, 사물과 사물, 인간과 사물의 초 연결 시대를 펼치고 있다. 또한, 인공지능은 무인 운송수단 및 자율성을 추진하는 여러 산업 분야

---

24 앞서 언급했듯이 제프리 힌튼(Geoffrey Everest Hinton, 1947~)이 개발한 '자기부호화기(Autoencoder)' 기술은 딥 러닝의 발전을 가속화 하였다. '자기부호화기'는 인공지능이 대상을 정확히 인식하기 위해서 그 장치 안에서 입력정보와 출력정보가 일치하도록 정보를 비교하는 방법으로, 이전에 신경망의 층수를 늘리면 신경망이 제대로 작동하지 않는 문제를 해결한 것이다. 그래서 오래전까지는 은닉층(Hidden Layer)을 하나만 두어 3계층의 신경망(input layer, hidden layer, output layer)으로 인공지능을 구현했으나, 최근에 비로소 은닉층이 두 개 이상으로 구성된 신경망이 가능하게 되었고, 이를 딥러닝이라고 부른다.
25 이미 언급했듯이 딥러닝은 인간의 명령에 따라 학습을 자동으로 하는 것이지, 인간처럼 지적 호기심을 바탕으로 하는 자발학습이 아니다.

와 연계하여 인간 삶의 질을 변화시키며, 특히 바이오 및 로봇산업과 연계하여 로봇시대라는 새로운 사회의 중추적 역할이 되고 있다.

　현재 인공지능이 할 수 있는 일들은 대부분 정확성, 속도, 정밀성과 같은 전문성이 요구되는 일이다. 예를 들면 의료분야에서 질병을 감지하고 진단하는 것이나 X-Ray 및 CT 영상촬영을 해독하는 일, 교통분야에서는 교통의 제어나 교통상황에 대한 시스템 관리, 그리고 미디어 분야에서는 언론의 기사를 쓰는 일, 음성 대화를 문자텍스트로 변환하는 것, 여러 언어의 해석과 소통의 일 등이 있다. 그밖에 인공지능은 이미지 인식 및 사물 분류기술에 큰 역할을 하고 있다. 예로서, 이미지를 자연어로 묘사할 수 있는 인공지능 프로그램이 있다. 이 인공지능은 컨벌루션 뉴럴넷Convolution Neural Network[26]으로 이미지를 인식하고, 리커런트 뉴럴넷Recurrent Neural Network[27]으로 문장을 생성한다. 예컨대, 어떤 사진을 인식하고 "학생들이 공부하고 있다. 선생님은 웃고 있다"와 같은 문장을 만들어낸다. 아직은 오류가 많지만, 이미지를 자연어로 인식하고 문장을 만들어낸다는 자체는 아주 놀라운 인공지능 기술의 발전이라 하겠다. 또한, 인공지능은 CCTV 화면에서 범죄와 관련된 상황이 무엇인지를 판단하고 범죄 상황이 의심될 징후가 보이면 경찰이 출동할 수 있도록 명령하고, 인터넷의 엄청난 양의 댓글을 분석해서 필요한

26　현재 가장 많이 사용되고 있는 대표적인 인공지능 알고리즘이다. 주로 사진 이미지나 동영상을 판독하고 이해하는데 사용하며, 이미지 데이터를 입력값으로 받아들여서, Convolution layer를 통과하면서 Filter를 통해서 이미지의 특징을 추출하는 알고리즘이다. 때로는 음성 단어나 스토리로 만들어 출력할 수도 있으며, 더 나아가 그 내용에 맞게 영상 제작이 가능하고, 음악 및 그림 창작도 가능하다.
27　인공지능에서 CNN 다음으로 많이 사용하는 알고리즘이 RNN(Recurrent Neural Network)이다. RNN은 시간 차이를 두고 순차적으로 입력되는 데이터(사람의 말이나 글)를 해석하고 학습하고 판단하도록 설계되어 있다. 예를 들면 전화 내용이 녹음되고 문자가 기록되고 디지털화되면 그 파일이 바로 RNN의 입력이 된다.

정보를 파악한다. 컴퓨터의 처리속도가 빨라지고 분석할 수 있는 데이터의 양이 많아지면서 인공지능기술이 큰 발전을 이루는 것이다.

지금 인공지능기술은 번역, 상품추천, 음성비서, 자율주행 자동차, 영상판독, 금융 등 다양하게 사용되고 있는데, 갈수록 그 범위는 넓어지고 깊어지리라 본다.

한편, 요즈음 쉽지 않게 '인공지능 전문가 양성'이라는 말을 듣게 된다. 사실 인공지능기술이 다양한 직업에 접목돼 활용되고 있으니, 인공지능 전문가 양성이 필요함은 사실이다. 하지만, 아직 인공지능전문가에 대한 공식적인 통계 자료는 없다. 그 이유는, 인공지능이 주로 로봇, 게임, 의료, 통신, 물체인식, 전문가시스템 등의 세부기술로 활용되고 있기 때문이다. 이를테면 통신회사 채용공고에서 '인공지능전문가 우대'라고 명시하고 있으나, 인공지능 전문가가 취업하면 그의 직업은 통신업계 종사자로 통신업계 산업의 세부직업 정도에 그친다.

이러한 흐름은 곧 바뀌게 될 것이다. 인공지능 전문가의 일자리는 점점 넓어지고 다양해지리라 본다. 현재 인공지능 전문가는 소프트웨어 개발, 시스템 설계 및 개발, 응용프로그램 개발, 웹디자이너, 컴퓨터 게임 디자이너 등과 같은 IT 분야에 주로 연계돼 있다. 하지만 앞으로 의료, 금융, 자동차, 로봇 등과 같은 산업 분야로 확대되며, 그 중요성은 갈수록 커질 것이다.

마지막으로, 인간의 삶에 큰 변화를 초래하는 인공지능 개발의 원칙으로 2017년 여러 분야의 학자들이 공동으로 선언한 '아실로마Asilomar AI 23원칙(AI Principles)'은 무엇이며 그 의미하는 바를 생각해보자. 2017년 1월 비영리단체 FLI(Future of Life)의 주최로 전 세계의 AI/Robots 전문가들은 미국 캘리포니아 주의 아실로마Asilomar에 모여, AI

개발과 관련된 일종의 지침을 만들었다. 이 지침은 일론 머스크(테슬라 CEO), 천체물리학자 스티븐 호킹, 데미스 허사비스(구글 딥마인드 CEO), 미래학자 레이먼드 커즈와일 등 전 세계 과학/기술계의 거장 2,000여 명의 서명을 얻어냈다. 인공지능 개발에 대한 23가지 원칙을 담은 이 지침은 앞으로 사회의 각 분야에서 다양하게 사용될 AI를 '이롭게 사용하자'는 의미로 해석된다.

'아실로마 AI 23원칙' 전문[28]

연구문제(Research Issues)

1. 연구목적: AI 연구목적은 방향성 없는 지능이 아니라 유익한 지능을 만드는 것이어야 한다.

2. 연구비지원: AI에 대한 투자는 컴퓨터 과학, 경제학, 법학, 윤리학, 사회과학 등의 분야에서 논란의 여지가 있는 문제들을 포함, 그것의 유익한 사용을 보장하기 위한 연구자금이 동반되어야 한다.

3. 과학정책 연계: AI 연구자 및 정책 입안자 간 건설적이고 건강한 교류가 있어야 한다.

4. 연구문화: AI 연구자 및 개발자들 사이에 협력, 신뢰, 투명성의 문화가 육성되어야 한다.

5. 경쟁회피: AI 시스템 개발 팀은 안전기준 미달 사태를 방지하기 위해 적극적으로 협력해야 한다.

윤리와 가치(Ethics and Values)

6. 안전: AI 시스템 운영 과정에서의 안전과 보안이 확보되어야 한다.

---

28 http://blog.naver.com/PostView.nhn?blogId=tara04123&logNo=221452294986.

7. 실패 투명성: AI 시스템으로 인한 피해가 발생할 경우 그 이유를 확인할 수 있어야 한다.

8. 사법적 투명성: 자율 시스템에 의한 사법적 의사결정(juridicial decision- making)에 대해서는 유능한 인간 기관의 만족스러운 설명이 제공되어야 한다.

9. 책임: 고급 AI 시스템의 설계자는 그것의 사용-, 오용, 행동과 관련해 도덕적 의미에서의 이해관계자다.

10. 가치 정렬: 고도로 자율화된 AI 시스템은 그들의 목표와 행동이 인간의 가치에 부합할 수 있도록 설계되어야 한다.

11. 인간의 가치: AI 시스템은 인간의 존엄성, 권리, 자유, 문화적 다양성과 공존할 수 있도록 설계·운영되어야 한다.

12. 개인 개인 정보 보호: 인간은 AI 시스템이 생성하는 데이터에 접근, 관리, 제어할 수 있어야 한다.

13. 자유와 개인 정보 보호: 개인 정보에 대한 AI의 적용은 사람들의 실제적 혹은 인지된 자유를 축소하지 않아야 한다.

14. 공유된 이점: AI 기술은 가능한 많은 사람들에게 도움을 주고 힘을 실어주어야 한다.

15. 공유된 번영: AI에 의해 생성된 경제적 번영은 모든 인류와 광범위하게 공유되어야 한다.

16. 인간의 제어: 인간은 인간이 선택한 목표를 달성하기 위해 AI 시스템에 결정을 위임할지의 여부와 방식을 선택해야 한다.

17. 비(非) 파괴: 고도의 AI 시스템을 제어함으로써 부여된 권한은 사회와 시민 프로세스를 파괴하는 것이 아니라 존중하고 개선해야 한다.

18. AI 무기 경쟁: 치명적인 자율무기 경쟁을 방지해야 한다.

장기적인 문제(Longer-term Issues)

19. AI 역량에 대한 주의: 미래의 인공지능이 얼마만큼의 역량을 가지게 될 것인가에 대한 일치된 의견은 없다. AI 능력의 상한에 대한 강한 가정은 피해야 한다.

20. 중요성: 고도의 AI는 지구 생명체의 역사에 심오한 변화를 가져올 수 있으므로 그에 상응하는 방식으로 계획·관리되어야 한다.

21. 위험: AI 시스템으로 인해 발생 가능한 치명적·실존적 위험에 상응하는 계획 및 완화 노력이 병행되어야 한다.

22. 재귀적 자체개선: 반복적인 자체개선 및 자기복제가 가능해 양과 질을 급격하게 증가시키는 AI 시스템은 엄격한 안전 관리 및 통제의 대상이 되어야 한다.

23. 공공선: 초지능(superintelligence)은 널리 공유된 윤리적 이념에 따라 한 국가나 조직이 아니라 모든 인류의 이익을 위해서만 개발되어야 한다.

위 '아실로마 AI 23원칙'의 요지는 인공지능 연구의 목표는 이로운 지능을 추구하는 것이며, 인공지능은 인간의 가치(인간존엄, 자유, 권리)와 윤리에 언제나 부합하며, 인공지능 시스템의 관리 및 제어는 명확하고, 인공지능으로 인한 경제적 풍요는 넓게 공유하고, 살생 가능한 자율무기 군비경쟁은 피하며, 인공지능은 인류의 혜택과 유익을 위해서만 개발되어야 한다는 것이다. 보다 가치 있는 인공지능 연구 및 개발을 위한 전 세계적 움직임에 찬사를 보낸다.

'아실로마 AI 23원칙'은 인공지능 연구 및 개발에 대한 전 세계적 차원이다. 따라서 이 원칙을 토대로 각 국가 및 기업들은 자신들에게 적절한 원칙들을 새로이 정하는 것이 필요하다. 실제로 이 원칙이 발표된 지 약 1년 후 국내기업 카카오가 아실로마 AI 원칙에 부응하면서, '알고리즘 윤리 규범'을 발표하였다. 이 규범은 5개의 항목으로 구성되었다. 그 내용은 알고리즘의 개발 및 운영 방식이 우리 사회가 요구하는 윤리 기준에 부합하도록 하며, 사회적 차별 금지, 데이터 윤리, 알고리즘의 독립성, 그리고 설명 의무를 통한 이용자와의 소통이다. 요약하면, 알고리즘 기술은 인간의 도덕적 가치와 윤리 원칙을 존중한다는 것, 그리고 알고리즘 기술의 독립성은 보장되어야 한다는 것이다.

3. 인공지능과 인격

우리는 1, 2, 3차 산업혁명을 거치면서 인간의 역할과 기능을 대체하는 기계 및 과학기술이 우리의 삶을 바꾸고 인간에 대한 기존의 관념과 가치를 흔든 사실을 교훈으로 삼고 있다. 그래서 우리는 급속도로 발전하는 인공지능의 변화에 더욱 민감하지 않을 수 없다.

역사를 되돌아보면, 지난 20세기 말 생명과학 및 생명공학의 발달로 인간 생명에 대한 의료 및 유전자적 기술이 크게 증대되었을 때, 인간 생명은 과연 언제부터 그리고 어떠한 상태일 때 인격체로서 지위를 갖는가에 대한 논의가 활발하였다. 이를테면, 인간의 초기 생명과 관련된 수정란, 배아, 태아에 대한 인격 인정에 대한 논의 그리고 비가역적 혼수상태에 있는 환자에 대한 인격 지위 문제였다. 여기서 인격의 문제는 생명공학과의 관계로서 인간 자신에 대한 본질 문제였다. 하지만 지금은 인간자신이 아닌 인공지능, 즉 기계에 대한 인격적 지위 문제가 거론된다. 그 이유는, 그만큼 지금의 기계공학 기술이 발전했다는 것이며, 또한 기술의 발달로 기계의 인간화가 첨예화된 것으로 파악된다.

실제로 인공지능은 불과 몇 년 만에 사물을 인식하는 오차를 대폭 줄이고, 인간 삶의 여러 분야에서 인간의 전문적인 일을 대체하고 있다. 그래서 우리는 인간의 지능 및 인간의 본질을 위협할 수 있는 인공지능의 개발에 대해 주의를 기울이게 된다. 인간이 있기에 과학기술이 있다고 믿는 우리는 우리 자신의 존엄함을 지키고자 묻는다. 인공지능의 한계는 무엇이며 인공지능의 개발은 어디까지 허용되어야 하는가? 비록 인공지능 개발 원칙이 있다고 하지만, 법적 규제가 없는 그 원칙은 잘 지켜질 수 있는가? 인공지능이 갈수록 인간의 지능 및 인간의 속성들을 구현하는데, 그렇다면 그러한 인공지능은 인간의 인격과 어떠한 차이를 두어야 하는가? 인간의 속성들을 드러내는 인공지능을 그저 기계일 뿐이라고 단정하더라도, 일부 사람들은 인간의 속성들을 나타내는 기계를 인격처럼 파악하지 않겠는가?

1) 뇌의 가소성(Brain Plasticity)과 인공지능

인공지능은 인간의 뇌를 모사하는데, 인간 뇌의 가장 주요 특징 중의 하나가 '뇌의 가소성(Brain Plasticity)'이다. '뇌의 가소성'은 변화하고 적응할 수 있는 뇌의 능력을 지칭하는 용어이다. 쉽게 설명하면 뇌가 어떤 상태로 가만히 있는 것이 아니라 환경과 조건에 따라 계속 변화해 나간다는 것이다. 예로서, 나는 어린 시절의 생각과 지금의 생각이 다른 것을 인지하며, 이전의 생각과 다른 생각을 하고 있는 자신을 발견한다. 이는 뇌가 끊임없이 변화하고 있다는 것이다. 또한, 뇌에 어떤 문제가 있으면 뇌는 다른 정상적인 부분에서 새로운 시스템을 만들어내서 문제가 생긴 부분을 대체할 수 있다. 이렇게 변화하고 적응하는 뇌, 스스로 새로운 시스템을 만들어내는 인간 뇌의 속성이 '뇌의 가소성'이다.

뇌의 가소성은 뇌의 형태를 만드는 신경세포(뉴런, neuron)의 결합이 변화하는 과정에서 발생한다. 신경세포는 정보의 전달과 처리를 담당한다. 우리 몸의 신경계는 살아 움직이는 신경세포들이 서로 연결되어 전기신호를 주고받으면서 활성화된다. 신경세포는 대뇌피질에 약 140억 개 그리고 전체 신경계에 1천억 개 이상 존재한다. 신경세포는 좀 더 유리한 조건으로 순열과 조합의 변화를 이행하는 가소성이 뛰어나며, 이러한 가소성의 기능을 인공지능이 모방한다.

역사 안에서 끊임없이 인간 뇌의 가소성을 모방해온 인공지능 기술의 결실은 기계학습으로 본격화되었다고 본다. 그래서 기계학습에 대해 간략히 설명하고자 한다.

기계학습(Machine Learning)에는 지도학습(Supervised Learning)과 비지도학습(Unsupervised Learning)이 있다. 지도학습은 쉽게 설명하면 선생님이 문제를 내고 그다음 바로 정답까지 알려주는 방식의 학습방법이다. 즉, 여러 문제와 답을 학습함으로써 미지의 문제에 대한 올바른 답을 찾아내게 하는 방법이다. 따라서 지도학습을 위한 데이터에는 문제와 정답이 함께 있다. 예를 들어, '고양이의 이미지 데이터'에 레이블(label)로 '고양이의 특성을 말해주는 텍스트' 정답을 함께 입력하여 학습기(learner)를 지도학습 시키면, 학습기가 새로운 이미지를 받았을 때 고양이를 찾아낼 수 있게 되는 것이다. 여기서는 사람이 얼마나 높은 정확도의 데이터 및 데이터양을 주느냐에 따라 인공지능의 정확도는 결정된다.

지도학습에는 데이터를 구하고 데이터를 입력하는 등 사람의 직접 개입이 많이 요구된다. 그리고 이러한 지도학습을 위한 모델은 크게 분류(classification)모델과 예측(prediction)모델로 구분된다. 분류모델은 레이블이 달린 학습 데이터로 학습시킨 후에, 새로 입력된 데이터가 미리 학습했던 어느 그룹에 속하는지를 찾아내게 하는 방법이다. 분류모델의 결과값은 미리 학습했던 데이터의 레이블 중 하나가 된다. 예측모델은 분류모델과 마찬가지로 지도학습이므로 레이블이 달린 학습 데이터로 학습하게 된다. 하지만 예측모델은 분류모델과는 달리 레이블이 달린 학습 데이터를 가지고 특징(feature)과 레이블(label) 사이의 상관관계를 함수식으로 표현하며, 충분한 데이터로 예측값을 높인다.

지난 2019년 4월 육군 허○○ 대위(군의관)가 뇌졸중의 치료 후유증을 예측할 수 있는 인공지능(Artificial Intelligence, AI) 예측모델을 개발해 화제가 되었다. 그는 뇌졸중 치료의 핵심은 치료 후 환자 상태를 정확히 예측해 수술 여부와 적합한 치료법을 찾는 것이기에, 만약 인공지능 예측모델이 개발된다면 뇌졸중 치료 후 환자 상태를 정확히 파악할 수 있게 되리라 생각했다. 허 대위는 결국 예측모델을 개발하여 기존 70% 미만이었던 결과 예측률을 90% 이상으로 끌어올렸다. 향후 더 많은 데이터를 축적하면 할수록 예측률은 더 높아질 것이다. 「Machine Learning-Based Model for Prediction of Outcomes in Acute Stroke」라는 제목의 그의 논문은 뇌졸중 분야 세계적인 의학 잡지인 『Stroke』에도 실렸다.[29]

최근 인공지능은 지도학습에서 딥러닝처럼 특징값을 자동으로 학

---

29 이윤안 기자, "인공지능 활용 뇌졸중 예후 예측모델 개발", (2019.04.15.)
http://www.mimint.co.kr/article/board_view.asp?strBoardID=news&bbstype=S1N10
&bidx=1713689&page=1&pageblock=1.

습하는 방식인 비지도학습으로 진화하였다. 비지도학습은 데이터를 입력할 때 레이블(정답)을 주지 않고 컴퓨터 스스로 진행하는 학습이다. 정답을 주지 않았으므로 정답을 맞히는 목적으로 학습하지 않는다. 보통 비지도학습의 목적은 데이터 자체에서 패턴을 찾아내는 것으로, 대표적인 예는 군집화(Clustering)이다. 예로서, 수만 명의 사람 사진을 인종별로 분류하거나, 개와 고양이의 이미지를 군집으로 분류하는 것이다. 매우 빠르고 정확한 분류가 가능해지고 있지만, 비지도학습은 분류만 할 뿐, 분류된 그룹의 정체는 무엇이며 그 그룹의 정의는 무엇인지는 모른다. 그것은 온전히 사람의 몫이다. 이를테면, 딥러닝 알고리즘이 고양이 사진이 고양이이고 강아지 사진이 강아지라고 답을 주지는 않지만, 스스로 학습해 고양이 사진과 강아지 사진을 서로 다른 군집으로 구분한다. 이에 사람은 그 결과를 보고 한쪽은 고양이 사진 다른 한쪽은 강아지 사진이라고 판단한다.

최근 알파고를 만든 구글의 딥마인드에서 인공지능 FPS 게임[30]을 만들었는데, 인공지능 기술의 놀라운 진화과정을 느낄 수 있다.

"딥마인드는 지난해 6월부터 FPS 게임 '퀘이크3 아레나'를 활용해 인공지능 'FTW(For The Win)'의 연구를 시작했다. 연구는 게임을 진행하는 법을 프로그래밍하지 않고 FTW가 처음부터 스스로 알아가는 단계부터 진행됐다. FTW는 한눈에 전체의 상황을 파악하고 한 수씩 교대로 대결을 진행하는 바둑과 달리, 제한적인 시야를 갖고 실시간으로 여러 행동을 취해야 하는 FPS 게임의 특징에 맞게 설계됐다. 45만 판의 게임을 진행한 끝에 FTW는 사람을 뛰어넘는 수준의 실력을 갖추게 됐

---

30 1인칭 슈팅 게임(First-Person Shooter, FPS)이다. 1인칭 슈팅 게임은 인물의 주관 시점으로 총기를 조준하여 발사한다는 게임플레이를 바탕으로 하는 장르이다. 이 게임은 게임상의 캐릭터의 시점을 통해 이루어지는 대전 비디오 게임이다.

다고 딥마인드는 설명했다. FTW와 40명의 인간 참가자들을 뒤섞어 게임을 진행한 결과 FTW의 평균 ELO[31]는 1천600이었다. 평균적인 인간 참가자의 ELO가 1천50, 우수한 실력을 지닌 이용자의 ELO가 1천300이다. 연구에 참가한 런던 국제 대학교 소어 그라펠 컴퓨터 공학 교수는 'FTW는 인간이 하는 것처럼 일인칭 시점에서 환경을 인식했다. 이번 연구는 AI의 발전을 위해 다양한 훈련의 가능성을 강조하는 의미가 있다'고 말했다."[32]

현재 인공지능 딥러닝은 기계학습의 총체라 할 수 있으며, 자가학습능력은 이전의 인공지능에 비해 훨씬 인간 뇌의 가소성에 가까이 접근한 것은 사실이다. 하지만 딥러닝은 이전보다 나아진 학습능력으로서의 자동학습자이지 인간처럼 지적 호기심을 바탕으로 하는 자발적 학습자가 아니다. 딥러닝은 인간의 목적부여 명령 없이 목적과 목표를 자율적으로 설정할 수 없다. 딥러닝 인공지능은 인간이 데이터 값을 인공지능에게 알려줘야 하는 인간의 명령을 따르는 도구이다. 딥러닝은 사전에 입력된 목표 및 알고리즘에 따라 '대상을 인식하라'는 명령을 받으면, 그 수행하는 과정이 자동이며 마침내 자동으로 대상을 정확히 인식한다. 앞서 언급했듯이 현 단계에서 인공지능은 인간의 명령에 종속된다.

그럼에도 불구하고, 급속한 발전을 이루고 있는 인공지능 기술이 언제 뇌 가소성의 한계에 이를지 모른다. 기술의 미래를 예측하기는 매우 힘들다. 하지만 인공지능 기술이 다른 첨단기술과의 융합이 용이해

---

31 엘로 평점 시스템(영어: Elo rating system)은 체스 등의 2명 제 게임에서 실력 측정 및 평가 산출법이다.
32 김한준 기자, "딥마인드 게임 AI, FPS 게임에서도 사람 뛰어넘었다", (2019.05.31.) https://www.newsngame.com/ArticleView.asp?artice_id=20190531104452.

진다면, 인간 뇌 가소성의 한계를 뛰어넘을 인공지능(범용 인공지능, GAI)이 생각보다 빠른 속도로 다가올 수 있을 것이다.

뇌 가소성의 한계를 뛰어넘은 인공지능에 대해 다카하시 도루는 이렇게 말한다. "범용 인공지능이 실현 단계에 다다랐을 때 기계는 인간의 뇌 가소성과 동등하거나 뇌의 가소성을 능가하는 능력을 가진다. 기계의 뇌는 점차 환경에 적응하면서 변화하고, 마침내 인간의 뇌 능력을 뛰어넘게 된다. 그렇게 된다면 기계는 아마도 스스로 고도의 적응 능력을 갖출 것이다. 즉 한계 없이 상황에 맞춰 자신을 개선할 수 있다."[33]

현재 인공지능에 대한 학자들의 견해를 필자는 세 가지로 요약한다.

첫째는 매우 낙관론적인 견해이다. 이전의 산업혁명에 의한 변화처럼, 인류는 인공지능 기술에 대한 염려와 함께 마침내 인공지능이 인간 삶의 일부가 되고 의미로 자리할 것이라는 전망이다.

둘째는 인공지능의 급속한 진보를 염려한 현실적 입장이다. 고도화된 인공지능의 능력은 인공지능이 다른 첨단기술과의 융합으로 진화되어 지능의 우수함뿐만 아니라, 일부 특화된 영역에서 인간을 완전히 대체할 수 있을 것이기에, 인간은 자기 정체성과 삶의 의미에 있어서 많은 도전을 받을 것이라는 전망이다. 이를테면, 인공지능의 자율성이다. 자율주행 자동차와 같이 인공지능이 하드웨어인 몸체를 가질 때 인간을 대체하며 노동의 소외 및 사회형태의 변화가 불가피할 것이다.

마지막은 과장된 견해이다. 인공지능이 무한히 발전할 것이라는 견해이다. 일부 미래학자들의 예측 및 SF영화의 상상처럼, 인공지능이 유전공학 및 생명공학과의 연계 그리고 로봇공학과의 융합으로 사람을 완전히 대체한다는 전망이다.

---

33 다카하시 도루, 앞의 책, 84~85면.

필자는 두 번째 기술의 급속한 진보를 염려하는 입장이다. 앞으로의 인공지능은 인간의 특정 분야에서만 인간을 대체하리라 본다. 인공지능 기술 자체는 인간을 대체할 수 있는 정점에 이를 수 있으나, 그렇다 하더라도 기술의 실천적 응용에 있어서 인공지능이 인간을 완전히 대체하는 시대는 오지 않으리라 본다. 인간은 스스로 자기 정체성을 포기하는 길을 선택하지 않으리라 믿기 때문이다. 따라서 필자는 미래에 대해 디스토피아적이며 과장된 견해로 인공지능을 이야기하는 것에 대해서도 우려의 마음을 가진다.

2) 뇌와 정신 그리고 인격

인공지능과 스마트 기기가 생활 속으로 들어온 현시대에서 인간의 뇌와 정신의 연관성은 무엇인가? 인간의 두뇌를 모방하는 인공지능이 인간의 의식적 활동인 정신과 동일시될 수 있는가? 정말 고도화된 인공지능이 출현한다면 인공지능은 인격적 대우를 받을 수 있지 않겠는가? 이러한 질문과 함께 먼저 인간의 유기적 뇌와 정신의 관계성을 살펴보자.

인간의 뇌는 몸 전체의 중추적 역할을 하며 몸의 다른 어떤 부분보다도 복잡하고 특수하다. 인간의 뇌는 무게가 약 1,4kg이고 부피가 약 1.3~1.4 *l* 이지만, 뇌의 구조 및 기능은 소우주라 불릴 만큼 대단하다. 뇌과학이 인간 뇌의 구조 및 기능을 많이 밝히고 있지만, 아직도 밝혀지지 않는 뇌의 기능은 엄청나다고 하니 인간의 뇌는 신비의 영역임에 틀림없다. 일반적인 과학적 지식으로써 뇌는 복잡한 유기체이면서도 하나의 단일한 기능적 형태를 지닌다. 즉 뇌는 통합적이면서 단일성을 지닌 하나의 조직체이다. 뇌는 몸 전체를 통합하고 관리하는 중추적인 기관이며, 뇌의 주된 기능은 유기체의 생명을 유지하는 생장기능과 모든 정신 작용을 수행하는 인지기능이다.

인간 몸에 있어서 뇌의 기능이 중요하고, 인간 몸 전체기관이 뇌에 연결되어 있으며, 인간의 행위는 뇌로부터 그 근원이 비롯된다. 그래서 고대로부터 인간의 뇌는 인간 행위의 근원적 요소로서 이해되어 왔다. 이러한 이해는 뇌를 연구한 모든 분야에서 인간 뇌의 생장 기능을 과학적으로 증명함으로써 보다 분명해졌다. 한편 현대 신경과학은 몸의 모든 기관에 대한 정보의 통제기관으로서의 뇌를 발견한다. 이를테면 뉴런(neuron, 신경세포)에 대한 연구의 심화이다. 뉴런은 뇌에서 정보를 처리하며 서로 연결을 통해 정보 신호를 주고받는데, 뉴런의 연구는 갈수록 깊어지고 있다. 뉴런의 연결에서 좁은 공간이 있는데, 이를 '시냅스synapse'라고 한다. 시냅스를 통해 신경조직은 전기신호 및 화학물질을 주고받는다. 시냅스는 필요에 따라 매우 빠른 속도로 만들어지고 불필요해지면 소멸된다. 시냅스는 뉴런과 함께 인공신경망 연구의 핵심 요소이다.

그렇다면 인간의 뇌는 정신과 어떠한 관계를 맺고 있는가? 현대 물질주의 관점의 기능주의는 뇌와 정신을 동일시한다. 기능주의는 정신을 물질적인 뇌기능의 결과물로 보고 오직 생리학적 반응으로 뇌의 기능 및 정신활동을 파악한다. 그래서 기능주의에 입각한 생리학자들은 인간의 행동을 신경계의 상호작용 결과뿐이라고 보면서, 뇌를 '영혼이 없는 기계'로 치부한다. 어떤 사람들은 인간의 뇌를 컴퓨터의 소프트웨어에 비유한다. 뇌의 주된 기능이 신경조직과의 정보전달 및 처리로서 소프트웨어의 장치와 비견된다고 보기 때문이다. 또한 최근에는 인간 뇌의 변형 및 확장을 창발론(Emergentism)[34]으로 해석하여, 정신이 두뇌의 창발적 속성의 결과물이라 주장하는 사람들도 있다.

그런데 인간의 정신은 물질적 뇌로 환원시킬 수도 없고, 창발적 속성과 같은 뇌기능의 해석으로만 설명될 수 없다. 인간의 뇌가 신비의 영역인 것처럼 정신은 뇌의 일반적 기능을 넘어서는 그 무엇이 있다. 인간은 인간의 행위를 주도하는 뇌의 작용에 있어서, 물질이 아닌 그 무엇이 반드시 존재한다는 믿음을 갖는다. 이러한 인간의 자기 믿음은 개개인의 주관적 체험에서 비롯된다. 체험은 인간이 살아가는 자기인식 과정이며 인간은 체험을 통하여 앎을 형성하고 성장해 나간다. 체험은 세계 및 타인과의 직접적인 만남과 교제를 통해서 얻어진 실천적 지식으로 정의된다.

인간의 체험은 다른 동물들과 달리 고유한 방식이다. 동물들은 주어진 세계를 수동적으로 받아들이고 객관적 실재 파악에 그치지만, 인간은 자신을 드러내는 구체적 실재를 이미 획득한 자기의 인식세계의 지평으로부터 인식한 다음, 추상작용을 통하여 이에 대한 판단을 내리는 주관적 체험을 한다.[35] 주관적 체험은 개개인의 고유한 특성이며, 이 체험은 단순한 지식획득이 아닌 의미의 발견이다. 여기서 의미의 발견이란 내가 누구인지를 반추하고 자신이 경험한 사실을 스스로 수락하는 것이다.

인간의 체험은 자기인식으로 시작된다고 본다. 자기인식은 세상을 알고 자신을 아는 것으로 인간 개개인의 정신적 삶의 실현이라 하겠다. 다음은 인터넷 육아정보에 올라온 내용인데, 인간이 자기를 스스로 인

---

34 '창발'이란 원자의 결합이 이루어내는 새로운 성질의 형성이다. 이를테면 진화 과정의 각 단계에서 과거의 조건들에 의한 필연성으로부터 유래되지 않는 새로운 무언가가 존재하게 된다는 것이다.
35 심상태, 『인간: 신학적 인간학 입문』, 서광사, 1989, 169면.

식하는 시기가 언제부터인지에 대한 실험 이야기이다.

인간의 자기인식 발달에 대한 여러 연구가 있는데, 그중에서 영아의 자기인식능력을 알아보기 위한 실험으로 연지검사(Rouge Test)가 있다. 연지검사란 다양한 연령의 아이들을 거울 앞에 앉혀놓고 거울에 비친 모습을 보고 어떤 반응을 보이는지 관찰한 실험이다. 아이들을 거울 앞에서 놀게 한 다음 아이들이 눈치채지 못하게 볼이나 이마에 빨간 점을 찍은 다음, 거울을 보는 아이들의 반응을 살폈다. 실험결과 18개월 이전의 아이는 아무런 변화를 보이지 않았다. 자신의 얼굴에 빨간 점이 찍힌 것을 알아채지 못했기 때문이다. 반면 18~24개월 된 아이들은 얼굴에 찍힌 빨간 점을 보고 놀라서 점을 잡으려 했다. 이 시기의 아이들은 거울에 비친 모습이 자기 자신이라는 것을 아는 것이다. 거울에 비친 모습이 자기 자신이라는 것을 인식할 정도로 자기인식능력이 발달하면 아이는 다른 사람들을 독립적인 인격으로 인지한다. 그리고 다른 사람의 감정을 공감하기 시작하고 공감적인 행동을 보인다. 아이는 15개월 이전에 가족의 기쁨, 슬픔, 고통에 반응하고 동감한다. 아이의 첫 번째 공감 대상은 손위 형제이다. 그래서 손위 형제가 울면 어린아이도 따라 우는 것이다. 그러다 가족 외에 다른 사람의 고통, 슬픔에도 공감을 표시하게 된다.[36]

연지검사의 결과에 대한 해석이 학계에 따라 조금은 다를 수 있다고 본다. 하지만 중요한 점은 인간은 일찍부터 자기인식과 함께 정신적

---

36 인쓰하우스, 「아기의 자기인식 시작하는 시기」, (2014.10.08.)
https://wiy007.tistory.com/62.

삶을 영위한다는 것이다. 감각적이고 본능적인 형태의 의식행위가 아니라 인간의 의식행위는 정신적 활동으로 인간만의 고유한 본질적 특성이다.[37] 예로서, 인간의 언어가 그러하고, 인간의 추상적 사고 행위가 그러하며, 무엇인가를 결정하는 인간의 자유의지가 그러하다.

이제 다시 뇌와 정신은 어떠한 관계인지 묻자. 필자는 뇌와 정신의 관계를 아리스토텔레스의 질료형상론質料形狀論으로 이해를 추구한다. 아리스토텔레스는 실재하는 모든 것은 질료와 형상의 일체 관계로 파악한다. 여기서 질료는 물질이며, 질료가 움직이고 성장하고 살아있는 것은 질료에 형상이 결합되어 있기 때문이다. 그래서 형상은 질료 또는 물질이 있게 하는 생명의 원리라고 말할 수 있다. 아리스토텔레스에 의하면 질료는 일정한 형상 없이 표상되지 못하고 형상은 독립적으로는 존재할 수 없다. 예를 들어 완성된 대리석 조각품은 대리석이 질료이며 조각가의 구상이 형상이다. 이 질료와 형상은 완성된 작품 안에서 서로 분리될 수 없이 하나를 이루는 것이다.

인간의 뇌와 정신도 이와 같은 맥락에서 이해해본다. 뇌는 인간 생명 유지를 위한 모든 생장작용을 도모하며 인간의 의식행위를 담당하는 유기체이다. 뇌가 있기에 인간은 본능적이고 원초적인 감각기능부터 이성적이고 고차원적인 문화 활동을 할 수 있다. 그래서 필자는 유기체로서의 뇌 및 뇌의 생장 기능을 질료로 보고, 물질적인 뇌를 통해 나타나는 인간의 이성 및 자의식의 행위, 즉 인간의 정신적 활동을 형상의 작용이라고 주장하고 싶다. 인간의 뇌는 그만큼 존귀하다. 뇌는

---

37 동물도 의식을 가지고 있음이 지배적 견해이다. 하지만 의식은 과학이 파악할 수 없는 주관적 요소가 있으며, 이러한 인식작용 및 체험은 오직 인간만으로 규정한다.

인간의 지적이고 영적인 능력을 가능하게 하기에 다른 기관들과 비교될 수 없으며, 뇌는 인간의 가장 본질적인 것이기에 차별된 이름으로 규정할 필요가 있는 것이다.[38]

토마스는 인간 영혼이 다양한 기관들을 통해 작용하는데, 그 가운데 가장 중요한 능력을 지성과 의지로 파악한다. 다른 존재자, 예를 들면 동물들은 본능적으로 행동하지만, 인간은 자기 행위의 동기를 주관하며 자기 행동에 대한 책임을 진다. 인간의 지성은 정신적이며 무한한 선을 향한 지식을 지니며, 의지는 사고하는 정신의 중요활동으로 이 둘은 총체적인 하나의 작용을 이룬다.[39]

인간은 정신적인 존재이다. 정신적인 존재로서 인간은 육체와 분리될 수 없다. 특히 육체의 중추적 역할을 하는 뇌와는 일체의 관계이다. 그래서 뇌와 정신은 인격과 분리될 수 없다. 인간의 모든 신경계와 연관해서 인격체의 다양한 정신적-신체적 능력이 뇌에 물질적 뿌리를 두고 있을 것이기 때문이다.[40]

인공지능은 인간 뇌의 신경망을 재현하여 마침내 인간의 정신을 갖고자 한다. 하지만 인공지능은 인간 뇌의 구조를 모방하고 인간의 속성을 표현할 수 있겠지만, 인간의 정신적 삶, 즉 지능의 실현이라 볼 수 없다. 인공지능은 인간의 존재 원리인 정신을 가질 수 없는 것이다. 그래서 인공지능이 고도화되는 이 시점에 우리는 뇌와 정신의 상호관계 그리고 정신만이 인격일 수 없는 인간의 고유한 인격에 대해 깊이 성찰해야 한다. 지금 우리는 정신을 물질로 취급하는 현시대의 사조를 고민하고, 인간 정신의 주체성 및 인격의 중요성을 새로이 강조해야 할 시

---

38 Juan Jose Sanguineti, 『뇌와 인격』, 109면.
39 바티스타 몬딘, 앞의 책, 78면.
40 Juan Jose Sanguineti, 앞의 책, 99면.

점에 있다고 본다.

마지막으로, 인공지능과 인간 지능의 차이에 대한 존 설John Searle의 중국어 방 논변을 언급하고자 한다.

인공지능은 일찍이 튜링 검사(Turing test)를 통해 기계의 지능이 인간과 같은 자연지능일 수 있음을 시도해 왔다.[41] 튜링 검사는 튜링이 제안한 모방게임(Imitation Game)으로 기계가 생각할 수 있는가에 대한 판별 테스트이다. 기계가 인간 질문자를 속일 수 있다면, 즉 기계가 질문자를 유도하여 질문자가 자신을 인간이라고 잘못 판정하도록 한다면, 우리는 그 기계를 '생각할 수 있는 기계'라고 인정해야 한다는 것이다. 앨런 튜링은 1950년 자신의 논문에 모방게임을 발표하면서 2000년경에는 튜링 검사를 통과하는 기계가 등장할 것이라고 주장했다. 그래서 최근까지 많은 연구자가 튜링 검사를 통과할 수 있는 프로그램에 도전하고 있지만, 아직 공식적으로 인정된 프로그램은 없는 것으로 파악된다.[42]

튜링 검사(Turing test)가 기계의 지능이 인간과 같은 지능일 수 있는가에 대한 시도이면, 존 설John Searle의 중국어 방 논변은 기계 지능 곧 인공지능은 인간의 자연언어를 결코 이해하지 못함에 대한 증명이다.[43] 설Searle은 기계(컴퓨터)는 입력장치를 통해 들어온 기호들을 프로그램이 설정한 규정에 따라 처리하는 것이지, 인간의 언어를 이해하는

---

41 앨런 튜링(Alan Turing)은 1950년에 철학 저널 『Mind』에 발표한 "Computing Machinery and Intelligence"에서, 기계가 지능적이라고 간주할 수 있는 조건을 언급했다.
42 이영의, "의식적 인공지능", 『인공지능의 존재론』, 한울아카데미, 2018, 47면. "2018년 현재까지 미국전산학회(ACM)가 공식적으로 인정한 프로그램은 없다."
43 존 설(John Searl)은 인공지능을 약인공지능(weak AI)과 강인공지능(strong AI)으로 구분하는데, 중국어 방 논변은 인공지능이 인간의 마음을 구현 또는 마음을 갖는다는 의미에서 강인공지능에 대한 비판이다.

것이 아니라는 것을 증명한다. 즉 컴퓨터는 기호를 의미론적으로 처리하는 것이 아니라 단지 구문적으로 처리할 뿐이라는 논리로서, 인간의 마음을 구현한다는 강한 인공지능은 인간의 자연언어를 이해하지 못한다는 증명이다.[44]

중국어 방 논변은 다음과 같이 구성된다. 작은 방 안에 중국어를 전혀 알지 못하는 사람이 앉아 있고, 그 방에는 입력창과 출력창이 하나씩 있다. 방 밖에서 입력창을 통해 중국어로 쓰인 질문지를 넣으면 방 안의 사람은 출력창으로 중국어로 쓰인 답을 내보낸다. 여기서 질문은 방 안에 있는 사람은 중국어를 알지 못하는데 어떻게 답을 제시할 수 있는가인데, 방 안에는 이미 중국어로 쓰인 특정한 질문과 답이 모두 규정집처럼 구성되어 있어서 문제가 전혀 없다. 방 안에 있는 사람은 규정집에 따라 중국어 질문을 받고 그 답을 보내는 것이다.

이런 경우 방 밖에 있는 사람은 방 안에 있는 사람이 중국어를 이해하는 것이라 생각할 수 있지만, 사실 방 안에 있는 사람은 중국어를 전혀 알지 못한다. 그는 단지 규정집에 따라 중국어 문자를 구문적으로 조작했을 따름이다.

이제 방 안에 있는 사람을 컴퓨터로 대치해보고, 규정집을 컴퓨터 프로그램으로, 중국어 문자들의 모음을 데이터베이스로 보는 것이다. 그리할 때 방 밖에 있는 사람은 컴퓨터가 중국어를 잘 이해하는 것으로 판단할 것이다. 그런데 그것은 오류라는 것이 설Searle이 주장하고자 하는 논변이다. 즉 컴퓨터는 언어를 이해하는 것이 아니라, 프로그램이 제공하는 규정에 따라 처리할 뿐이라는 것이다. 다른 말로는, 컴퓨터는

---

44 약인공지능은 '컴퓨터가 마음을 가진 기계'라는 것보다 '컴퓨터는 마음을 연구하는 데 유용한 도구'의 입장이다. 반면 강인공지능은 '컴퓨터가 마음을 가진다'는 입장이다. 그래서 설(Searle)은 강인공지능을 비판의 대상으로 삼는다.

기호를 의미론적으로 처리하는 것이 아니라 단지 구문적으로 처리할 뿐이다.

정리하면, 존 설은 중국어 방을 통해 기계와 인간의 본질적 차이, 즉 인간의 마음이 지니는 의미론을 강조한다. 그는 인간의 정신적 작용과 의미론은 기계가 모사할 수 없는 부분이며 인간의 본질적 특성임을 규명하고 있다.

로봇의
인격적 지위 문제

로봇이 인간의 피부를 가지고, 인간의 언어를 구사하고, 인간의 행동을 한다면 과연 그러한 로봇이 우리 인간 사회에 유익할까? 또한 로봇과 공존하는 사회를 피할 수 없다면, 인간에게서 로봇은 어떠한 실재가 되어야 하는가? 우리 사회는 인격에 대한 개념을 단지 성격이나 인간 개인의 특징 정도로 이해하고, 인간이 아닌 기계(인공지능, 로봇)에게 매우 쉽게 인격적 지위를 부여하려는 오류에 있다.

제6장

로봇의 인격적 지위 문제

1. 로봇시대의 도래

　　로봇은 우리의 생활 곳곳에 침투하고 있다. 산업형 로봇이 전투용으로 확대되고, 이제 의료 및 서비스용으로 사회 깊숙이 스며들고 있다. 최근 인공지능의 급속한 발달은 머지않아 지능형 또는 감정형 로봇이 사회의 일터 및 가정에 들어올 것을 예고하고 있다. 과거 컴퓨터나 자동차가 각 집에 들어올 때 정말 그렇게 기술의 발달이 이루어질 수 있을까 했었다. 지금은 인공지능 로봇을 두고, 로봇산업에 관심을 두는 사람들은 각 집에 로봇을 두는 시대가 성큼 다가왔다고 목소리를 드높인다. 각 집에 로봇을 두는 시대를 필자는 로봇시대로 정의하면서, 그 시대가 멀지 않았다고 생각한다. 그 이유는, 기술을 통해 자기 자신을 초월하려는 인간의 욕망과 그 욕망의 실현을 도울 수 있는 기술의 수준이 최고점에 다다르고 있기 때문이다.

과학기술과 인간의 자기 초월

　　앞 장章에서 '뇌의 가소성과 인공지능'의 관계성을 간단히 설명하였다. 뇌의 가소성은 뇌가 환경과 조건에 따라 변화하고 적응해나가는 뇌의 능력인데, 인공지능은 이러한 뇌의 가소성을 모사하고자 한다. 오랫동안 인공지능은 인간 뇌의 구조를 단순함에서 점점 복잡한 영역까지 모방하면서도, 엄청난 양의 뉴런과 시냅스를 빠르고 정확하게 작동시킬 수 있는 기술의 한계가 있었다. 그런데, 인공지능은 마침내 기능적 차원에서 인간처럼 사고하고 판단할 수 있는 그리고 특정 영역에서는 더 나은 능력을 보이는 기술의 수준에 이르게 되었다. 최근 소개된 알파고의 딥러닝 기술을 보면, 비로소 빠르고 정확한 다층의 인공신경망이 실현되었음을 느낄 수 있다. 사실 알파고가 나오기 이전까지 인공지능은 인공지능이라는 용어를 처음으로 선포한 다트머스 회의의 지향점에 이르지 못하였다. 하지만 알파고 이후 인공지능은 인간 뇌의 가소성을 좇을 수 있는 충분한 가능성을 드러냈다. 수십 층의 인공신경망을 처리할 수 있는 컴퓨터 기술의 발달로 인공지능 딥러닝은 자가학습 및 심층학습의 강화를 통해 뇌의 가소성처럼 스스로 환경의 변화와 적응에 성공하고 있다. 물론 직관과 창의성을 지닌 인간 뇌의 가소성과는 차원이 다르지만, 최종 결과물을 창출해나가는 과정은 뇌의 가소성에 비견된다고 하겠다.

뇌의 가소성은 철학적으로 인간의 욕망, 인간의 자기 초월이다. 인간은 어떠한 대상 또는 목적을 향해 나아가는 자기 초월적인 존재이다. 인간은 지금 여기에서 현존하면서도, 미래를 향한 가능성의 존재이다. 새로운 미래를 설계하고 그곳을 향하여 나아가려는 인간의 정신적 활동은 인간의 자기실현이며, 모든 인간에게 잠재되어있는 인간의 욕망이다.

로봇에 대한 나의 꿈, 필자의 동경은 어린 시절부터이다. 어렸을 때 '로봇 태권브이'는 우리 친구들의 영웅이었다. 악인을 물리치고 선한 사람을 지켜주는 의로운 로봇, 로봇 태권브이! 하고 소리 질렀다. 그 당시 로봇은 그저 만화의 연장이거나 인간보다 힘이 세고 강한 기계 또는 악으로부터 세상을 보호하는 지킴이었다. 그리고 중요한 것은 로봇은 그저 인간이 조종하는 튼튼한 기계였으며, 어떤 면에서는 다른 생명체의 의인화처럼 로봇도 그런 의인화된 기계였다. 그래서 로봇이 인간의 언어를 이해하며 인간의 친구가 될 수 있었던 것은, 개인적으로 과학적 기술과는 무관한 만화가의 상상으로 치부하였다. 그러한 로봇 태권브이는 모든 인류의 친구였으며, 어린 필자로서 정말 가지고 싶은 꿈의 대상이었다. 이러한 필자의 추억과 꿈이 이제 과학과 기술의 결과물로 비추어지고 있다. 이런 과정을 생각할 때, 인간은 어떤 대상을 향하고 그 대상을 만들어 내고자 하는 내적 욕망의 존재이며, 그 욕망을 채워주는 것이 기술이며 과학인 듯싶다.

인간의 욕망은 '닮음'과 무관하지 않다. 인간은 어떤 대상을 향하고 그 대상을 닮고 나아가 그 대상과의 일체로 향한다. 인공생명이나 인공지능에 대한 창조행위도 어쩌면 이러한 인간의 본성으로 파악된다. 그래서인지 로봇의 발달과정을 보면, 로봇이 인간의 노동을 대체하고 인간의 필요를 충족시키는 도우미를 넘어, 인간의 모습을 지닌 로봇, 인간의 사고를 하는 로봇, 즉 인간을 온전히 닮은 로봇으로 발전하고 있다. 이러한 발달과정은 과학기술을 통해 실현되고 있는 인간욕망의 성취과정으로 느껴진다.

우리가 사람을 두고 '닮았다'라는 말을 할 때 외모는 직관에 있어서 매우 중요하다. 두 쌍둥이가 그리고 아빠와 아들이 '붕어빵이다'라는 표현은 무엇보다 먼저 외모의 동일성을 전제한다. 생김새가 닮았다는 것은 '같다'라는 의미를 연상케 하는 것이다. 마찬가지로 로봇이 인간의 형체를 닮음은 개별 직관으로 너와 내가 '같다'라는 의미를 심어줄수 있다. 만약 나에게 내 친구를 닮은 로봇이 있다면, 그 로봇의 어떤 능력에 앞서 로봇을 친구처럼 느끼기 시작할 것이다. 바로 그것이 '닮음'의 의미이다. 사진이나 사람을 닮은 인형을 봐도 좋아하는 것이 인간의 감정인데, 움직이고 제법 똑똑한 로봇이 내가 좋아하는 친구를 닮으면 얼마나 좋겠는가? 정말 환상적일 것이다. 더군다나 그 로봇이 정말 내 친구처럼 행동한다면 어떻게 될까?

앞서 언급했던 〈로봇이 아니야〉라는 드라마에서처럼, 주인공(유승호)이 사랑에 빠질 수밖에 없었던 매력의 로봇(아지3, 채수빈)이 있다면, 누구나 그 로봇을 곁에 두고 싶어 할 것이다.

이러한 인간의 욕망 때문에 인공지능 로봇의 발달은 인간과 같은 로봇을 만들 때까지 계속될 것이다. 만화의 세상이 현실이 돼 왔듯이 과학자들의 로봇에 대한 꿈 역시 현실이 될 날이 머지않았다고 본다. 인간에게 필요한 도우미 로봇, 외로운 인간에게 위로를 베풀 로봇 친구의 등장은 상상이 아닌 현실의 세계로 다가올 것이다. 그리고 이것이 로봇시대의 도래라고 할 수 있다.

인공지능체를 향하여

현재 2019년은 미래학자들이 예측한 기술의 특이점(singularity)에 어느 정도 도달했는지 자문해 본다. 최근 급속한 기술발전은 특이점이 점점 가까워지고 있음을 느끼게 한다.[1] 특이점을 주장하는 이들은 특이점이 GNR 혁명이라는 이름을 가진 기술 혁명을 통해 이루어질 것

---

1 기술발전을 인간이 주도하는 한 인간의 본질을 위협하는 특이점은 영원히 오지 않을 수 있다. 특히 특이점의 도래를 비판하는 학자들은 인간의 지능과 기계의 지능은 근본적으로 차이가 있음을 역설하며, 인간 스스로 자신을 통제할 것이라 주장한다.

으로 예측했다. GNR은 유전 공학(Genetic engineering), 나노 기술(Nano-technology), 인공지능과 융합된 로봇 공학(Robotics)을 말한다. 특이점 주장자들은 유전 공학을 통해 생물학의 원리를 파악하고, 나노기술을 이용하여 그 원리들을 자유롭게 조작할 수 있게 되며, 인공지능과 융합된 로봇 공학의 놀라운 성장으로 새로운 시대 즉 특이점의 도래를 맞이할 것이라고 말했다. 특이점 주장자 버너 빈지Vernor Vinge는 특이점의 시작을 데이터베이스의 기반에 인공지능 기술의 진보 및 인간 지능의 확장으로 설명하면서, 새로운 첨단기술과 융합한 인공지능의 고도화로 예측했다. 이러한 인공지능의 고도화는 지금처럼 인공지능이 어느 특정 분야만 인간을 앞서는 것이 아니라, 인간 삶의 모든 분야에서 인간의 능력을 초월하는 예측으로 강 인공지능 또는 범용인공지능(Strong AI 또는 Artificial General Intelligence)의 출현이다.

현재 인공지능 이를테면 딥러닝은 스스로 학습이라는 명제가 붙지만 실제로는 인간의 명령에 따라 학습을 자동으로 하는 것이지, 인간처럼 지적 호기심을 바탕으로 하는 자발 학습구조가 아니다. 하지만 현재 인공지능은 인간과는 다를지라도 컴퓨터의 빠른 속도 및 빅데이터 처리기술의 고도화를 바탕으로 인간 삶의 여러 방면에서 이미 인간을 뛰어넘고 있다. 이 사실은 현재의 인공지능이 인간의 명령에 따라 작동하는 기계이지만, 이를 이용하는 인간에 의해 인공지능은 인간의 삶에 엄청난 영향을 미칠 수 있다는 점이다.

아직 인공지능 기술이 최고점에 도달하지는 않았겠지만, 현재의 인공지능이 여러 방면 이를테면 빅데이터 및 이미지 처리에 있어서 그 오차율이 거의 없다는 사실이 중요하다. 그리고 이러한 사실은 현재의 인공지능이 하드웨어를 입으면 어떻게 될까 하는 의문을 던지게 한다.

필자는 인공지능이 하드웨어를 입은 것을 인공지능체 또는 인공지능 로봇이라 부르면서, 인공지능체가 인간 삶에 다가와 있음을 상상해보면 지금과는 매우 다른 세상임을 그리게 된다. 과학자들은 지금까지 해온 것처럼, 최근의 인공지능 기술을 우선 동물이나 사물을 모방한 인공지능체에 적용할 것이다. 하지만 곧바로 인간을 닮은 인공지능체, 즉 새로운 인공지능 로봇이 등장하리라고 본다. 인류사 또는 기술의 역사에서 나타난 인간의 욕망은 분명 인공생명체의 탄생으로 향하고 있다는 사실을 다시 한번 되새기고 싶다.

얼마 전 TV의 EBS 채널에서 방송된 적이 있는데, 인공지능 개미로봇 이야기이다. 정말 개미를 닮은 수많은 개미 로봇들이 함께 무거운 물건을 협력해 옮기는 모습을 볼 수 있었다. 인공지능은 개미로봇 개개인의 움직임을 결정하고 제어하는 시스템인데, 그 물건이동의 정확함과 빠른 이동속도가 매우 흥미로웠다. 조금 후 인공지능 로봇에서 다시 언급하겠지만, 인공지능체의 지능화는 인간의 잘못된 욕망의 도구가 될 수도 있다는 생각이 든다.

한편, 디지털 시대에 인간-컴퓨터 상호작용이 인문학적 중심주제의 하나였던 것처럼, 인공지능 시대를 맞이하여 뇌-기계 인터페이스(Brain Machine Interface), 사이버네틱스Cybernetics,[2] 그리고 인간의 사이보그화 같은 기계와 인간이 융합하는 미래는 인간의 정체성과 연계하여 중요한 문제임에 틀림없다. 특히 인공지능과 밀접한 관련을 이루는

---

2 1948년에 노버트 위너(Norbert Wiener, 1894~1964)가 발표한 사이버네틱스 이론은 인간과 기계를 하나의 공통이론으로 설명한다. 사이버네틱스 용어가 그리스어의 '배의 조타수(steersman)'에서 온 것처럼, 사이버네틱스는 생명체를 움직이는 통신과 제어 그리고 지능의 보조 역할로 발전해왔다. 이 용어는 요즘 들어 '인공 두뇌학' 또는 '동물과 기계에서의 통신과 제어의 연구'라는 의미로 사용되고 있다. 위너는 이 단어를 '행동의 목표지향적인 의도적 제어'라는 의미로 사용했다.

뇌-기계 또는 뇌-컴퓨터 인터페이스 기술의 향방은 인간의 정체성 및 본질 문제를 매우 심도 있게 고민하게 한다. 인공지능에서 뇌-기계 인터페이스(BMI)는 뇌와 컴퓨터를 연결한 다음 머릿속의 생각만으로 장치를 사용하는 기술이다. 우리가 평소에 사용하는 키보드, 마우스도 인터페이스이지만, 뇌에서 나오는 신호를 직접 읽어내서 기계에 전달되는 것이 뇌-기계 인터페이스이다. 공상과학 소설처럼 들리겠지만 어느 정도 실현된 기술이다.[3]

이러한 BMI(BCI)가 가능한 이유는 인간 뇌는 전기로 신호를 주고받기 때문이다. 뇌에는 약 1조 개의 신경세포(neuron)가 있고, 이 세포들은 서로 모두 연결되어 있고 정보를 전달한다. 우리가 어떤 생각을 하고, 몸을 움직이고, 감정을 느끼고, 기억을 떠올릴 때, 이 신경세포들은 특정한 전기 신호를 끊임없이 만들어 낸다. 이 전기 흐름의 일부가 전자기파의 형태로 바깥으로 빠져나오는데, 이를 뇌파(Brainwave), 혹은 뇌전도(EEG)라고 한다. 이 뇌파를 측정해서 신호를 해석하는 것이 BMI의 원리이다. 최근에 일론 머스크가 이 연구를 위해 회사를 설립했는데, 어느 정도의 성과를 이루어 낼지 궁금하다.

2014년 일본에서는 '네코미미'라는 기계장치가 유행한 적이 있다. 우리나라에서도 인기가 많았는데, 네코미미는 '고양이 귀'라는 뜻이다. 고양이 귀 모양의 헤드셋으로, 머리에 착용하면 된다. 뇌파가 집중상태가 되면 양쪽 귀가 쫑긋 올라가고 휴식상태가 되면 양쪽 귀가 축 처지는 장치의 장난감이다. 네코미미는 뇌파를 읽어내는 기술을 사용한 것으로, 비록 장난감 장치이지만 뇌-기계 인터페이스 방식이라는 점에서 의미가 있다. 아무튼 BCI의 발전속도도 매우 빨라지고 있다. 정말 상상

---

3 다카하시 도루, 『로봇시대에 불시착한 문과형 인간』, 김은혜 역, 한빛비즈, 2018, 21면.

만 했던 일들, '글자를 타이핑'하고 '전등 스위치를 껐다 켰다'하는 일이 성큼 다가오지 않을까 싶다.

인공지능체는 과거에도 있었지만, 오늘날과 같은 첨단기술이 없었기에 인간의 삶에 크게 영향력을 주지 못했다. 그러나 오늘날 인공지능체는 특정 영역에서 놀라운 발전을 계속하고 있다. 그래서 고도화된 인공지능체가 인간과의 관계를 맺을 때, 인간은 그 대상이 기계인 줄 알면서도 그 대상에 의존하며 압도될 수 있다. 이를테면 현재의 강아지보다 영특한 로봇 강아지가 그 몸체까지도 실제 강아지와 유사한 모습으로 출시된다면 어떻게 될까? 상상컨대 그러한 강아지는 많은 사람의 인기를 얻을 것이다. 특히나 외로운 노인들에게는 매우 훌륭한 위로의 벗이 될 것이다. 이러한 맥락에서 인공지능 기술과 다른 첨단기술의 융합으로 만들어지는 새로운 인공지능체는 예전과는 다른 새로운 인간 삶의 문제를 도출하리라 본다.

예로서, 배우자 대신 말년에 자신을 잘 돌본 인공지능체가 있다고 하자. 이 사람은 죽음을 눈앞에 두고 유산상속을 하면서, 자신을 잘 돌본 인공지능체의 미래를 위해 자신의 유산을 그 대상에게 남길 수 있을 것이다. 기계에게 유산을 남기는 것은 개인의 자유이나 그 유산의 책임은 누구에게 있겠는가? 처음에는 인간 변호사이겠지만, 보다 미래에는 그 일을 처리할 수 있는 인공지능 시스템이나 로봇이 거론되지 않겠는가? 이러한 도덕적이고 윤리적인 문제가 미래의 인공지능체에는 충분히 담길 수 있기에, 인공지능체의 도덕적 또는 윤리적 문제는 끊임없이 제기된다.

2. 로봇의 인간화

인공지능 기술의 급속한 발달과 함께 인공지능체의 개발은 더욱 활력을 띠고 있다. 최근 인공지능체는 단순한 생체모방에서부터 인간의 피부 모방까지 그 기술은 더욱 정교하다. 인공지능이 소프트웨어로만 있지 아니하고 자연 및 자연의 생물 그리고 나아가 인간을 그대로 모방하는 대상으로 다가오면서, 인간 삶에 있어서 인공지능체의 역할이 새로이 대두되고 있다. 특히 최근 인공으로 만든 피부는 외형뿐만 아니라 인간의 진짜 피부와 같이 다양한 기능을 갖추고 있다. 이를테면 인간의 피부는 촉각이나 통증을 느끼고 이를 뇌에 전달하는 신경망이 분포돼 있는데 인공전자 피부도 이러한 시도를 하고 있다. 전자 피부에 각종 센서와 전자회로를 피부처럼 얇게 붙여 만들어 인간의 피부와 같은 역할을 수행한다. 이러한 인간과 같은 피부 및 촉각을 느끼는 로봇의 출현은 인공지능과 함께 로봇시대의 서막이라 하겠다.

앞서 언급했듯이, 2015년 4월 홍콩의 로봇제조사 핸슨 로보틱스 Hanson Robotics사는 딥러닝 기술을 이용하여 감정을 표현하는 로봇 '소피아'를 개발하였다. 소피아는 사람과 매우 유사한 생김새를 하고 있으며, 눈에 내장된 카메라와 알고리즘을 통해 사람과의 눈 맞춤(eye contact)을 하고 62종류의 표정 연출이 가능하다. 이러한 소피아에 대해 미국 뉴욕대 교수이자 페이스북의 인공지능 연구 최고 책임자인 얀 르쿤은 자신의 페이스북을 통해 "소피아는 똑똑하지 않다 … 그저 꼭두각시 인형일 뿐이다."라고 말하며, 세계 최초로 시민권을 획득한 인공지능(AI) 로봇 소피아에 대해 비난 섞인 의견을 내놓았다. 얀 르쿤은 "많은 사람들은 사람을 닮은 로봇 인형이 똑똑할 것이라고 생각하지만 사실은 그렇지 않다. 자신의 주장도 없고, 자신이 말하는 것에 대한 이해도 전혀 없는 것은 그저 꼭두각시 인형일 뿐"이라고 강조했다.

필자는 얀 르쿤의 의견에 동의하면서도, 소피아를 통해 다시금 로봇의 인간화에 대해 생각해 본다. 인간의 외모를 재현하는 소피아의 얼굴은 앞으로의 로봇공학이 나아가는 방향이며 인간 욕망의 실현이 아닐까 싶다. 과거와 달리 현재의 기술은 원하는 이미지를 만들고 원하는 하드웨어를 그대로 재현할 수 있어, 인간의 모습을 재창조하려는 인간의 욕망은 쉽게 시들지 않을 것이다.

얼마 전 '절대 그이'라는 드라마를 본 적이 있다. 드라마의 남자 주인공은 로봇이지만 외모와 사고행위에 있어서 사람과의 구별이 안 되는 로봇이다. 심지어 여자 주인공은 상대 남자가 로봇인 줄 알면서도 사랑에 빠진다. 로봇과 인간의 경계가 사라진 드라마의 내용이다. 이 드라마는 초현실적이지만 드라마를 통해 인간과 동일한 로봇을 말하고자 하는 작가의 이상을 엿볼 수 있었다. 인간의 외모와 동일한 휴머노이드 로봇 그 자체가 로봇의 인간화에 대한 첫걸음이기에, 로봇의 외모에 대한 깊은 성찰이 필요하다고 본다.

로봇의 지능 및 감정의 인간화

인간을 닮은 휴머노이드 로봇의 처음 기능은 '지능'이다. 일명 지능로봇이라 할 수 있는데, 시각, 청각, 또는 감각 수단의 정보입력 수단으로 획득된 입력 정보를 인간 신경계 모델 기반으로 추론 및 탐색하는 인공지능이 탑재된 로봇이다. 지능로봇은 스스로 주위의 상황을 인식하여 인간의 명령 없이 자율적으로 판단하고 반응한다. 따라서 지능로봇에게 우선적으로 필요한 것은 주위의 상황인식이 가능한 기능 및 장치이다. 로봇은 인간의 상황인식처럼 자신이 처한 물리적 공간에 대한 정보가 필요하다. 일반적으로 로봇의 몸체에 각종 센서와 카메라를 부착하여 그러한 기능을 수행한다. 그런데 만약 카메라의 렌즈나 센서의 성능이 좋지 않으면, 로봇의 상황인식에 대한 오류는 빈번히 일어날 것이다. 설사 카메라나 센서의 질이 우수하더라도 로봇이 탐지할 수 있는 데이터의 양이 충분하지 못하면 그만큼 로봇은 자신이 처한 상황에 대한 정확도가 낮아진다. 이러한 이유에서 영상인식과 처리, 소리 및 거리 탐지기, 위치확인 시스템과 같은 기술은 로봇공학 분야에서 매우 중요하다.

산업용 로봇을 시작으로 하여 군사, 공공서비스, 의료로봇 등과 같은 모든 로봇은 그 기능이 대부분 자동화 시스템이다. 즉 로봇의 목적은 업무를 수행할 수 있는 기능만 인간의 기획대로 빠르고 정확하면 된다. 따라서 특정 영역에서 로봇의 기능이 인간을 훨씬 뛰어넘는 것은 기술의 발달을 고려할 때 매우 자연스러운 일이다. 그리고 로봇의 기능만을 생각하면 로봇이 구태여 인간을 닮을 필요가 없다. 그럼에도 불구하고 최근 휴머노이드 로봇의 출시는 인간의 능력을 뛰어넘는 기능보다는 인간을 닮은 것을 로봇의 우선적 기능 및 목적으로 하고 있다는 느낌이 든다. 이를테면 대부분 하드웨어로 구성된 로봇의 입력장치(카메라, 렌즈 등)가 갈수록 인간의 외형과 흡사하게 바뀌는 모습을 볼 수 있다.

로봇의 지능은 앞서 언급한 인공지능의 발달수준에 비례한다. 처음에는 단순 지능이었지만 점차 지성적 인공지능으로서 인간의 편리와 지식의 업무를 대신할 수 있는 기능을 갖추게 되었다. 아직 로봇의 지능은 데이터를 수집하고 분석하며 종합하는 계산식 지성에 가깝지만,

점차 로봇의 지능은 빅데이터 및 초연결성을 기반으로 스스로 학습능력, 응용력, 상황판단능력 등을 갖추게 될 것이다. 그동안은 컴퓨터처럼 인간이 주입한 정보를 산출하는 데 그쳤다면, 앞으로는 인간이 주입한 정보 이외에도 다양한 사실들을 종합하고 분석해 상황을 판단할 수 있는 로봇이 등장할 것임을 우리는 인공지능의 발전과정을 통해서 예측할 수 있다.

다음으로 로봇의 행동이다. 인간과의 친밀성을 강조하는 휴머노이드는 보고 듣고 말하는 가장 기본적인 감각본능을 표출한다. 그래서 외모에 얼굴이 있고 눈이 있고 입이 있으며 인간의 언어를 구사한다. 그리고 걷고 뛰는 인간의 가장 기본적이고 본능적인 행위들이 가능하도록 만들어진다. 하지만 아직 로봇의 행동은 인간의 본능 및 유연성에 근접하지 못하고 있다. 그 이유는 우선 모터기술의 한계이지만, 보다 근본적인 이유는 기계와 생명체의 본질적인 차이로 생각한다. 기계의 움직임은 생명체의 유연함 특히 인간의 신체적 본능의 탁월함을 좇을 수는 없기 때문이다. 그래서 현재 휴머노이드 로봇의 발달에 가장 제한적 요소는 인간과 같은 행동 및 움직임을 가능하게 하는 구동장치이다. 배터리와 전기모터 기술의 한계도 있지만, 생명체의 근육 및 관절은 기계와 다른 방식으로 움직인다는 점이 가장 큰 난점이라 하겠다.

이러한 기술의 한계에도 불구하고, 로봇의 행동은 점점 인간화의 길로 나아가고 있다. 처음 로봇이 출시될 때 로봇의 움직임은 대부분 바퀴로 구동되었다. 그래서 로봇이 갈 수 있는 방향이 제한되어 있었다. 하지만 점차 사람처럼 이족보행이 가능한 휴머노이드 로봇이 출시되면서 로봇은 느린 속도이지만 모든 방향으로, 즉 좌우 및 대각선이동이 가능하였다. 더 나아가 로봇은 울퉁불퉁한 길이나 구덩이 그리고 계단 오르는 것도 가능하며, 현재 일본의 아시모는 시속 9㎞로 달린다. 앞서 언급했듯이 인간처럼 로봇이 움직이기 위해서는 엄청난 배터리의 소모가 필요하다. 한마디로 로봇의 하드웨어 및 구동은 도저히 인간과의 비교가 안 된다.

로봇공학자 한스 모라벡Hans Moravec(1948~)[4]은 로봇의 발전에 대해 1988년에 출간한 『마음의 아이들(Mind Children)』[5]에서 이런 주장을 폈다. "지능 검사나 서양 장기에서 어른 수준의 성능을 발휘하는 컴퓨터를 만들기는 상대적으로 쉬우나, 반면 지각이나 이동 능력 면에서 한 살짜리 아기 정도의 능력을 갖춘 컴퓨터를 만드는 일은 어렵거나 불가능하다."

이를 가리켜 '모라벡의 역설(Moravec's paradox)'이라고 하는데, 모라벡의 예측은 기술의 발달에 의한 인간과 기계의 관계를 충분히 설명하고 있다. 모라벡의 역설처럼 현재 인공지능의 소프트웨어는 매우 우수하다. 인공지능 기술과 함께 디지털의 반도체 기술, 데이터 처리기술, 그리고 네트워크 기술의 뒷받침이 있기 때문이다. 이세돌을 이긴 알파고의 인공신경망이 48층으로 보통 인간의 3배 수준임을 우리는 기억해야 할 것이다. 비록 알파고가 스스로 작동하기 위해 엄청난 동력 및 에너지가 필요하고, 그에 비해 인간의 사고 및 움직임의 동력은 매우 수월하나, 알파고의 지능은 앞으로 로봇시대의 로봇의 지능을 가늠

---

4 한스 모라벡은 그의 저서에서 사람의 마음을 기계 속으로 옮겨 사람이 로봇으로 바뀌는 시나리오를 제시하였다. 그는 유기적인 뇌를 기계가 스캔하여 본인과 동일한 의식을 가진 로봇을 만들 수 있게 되리라고 믿었다. 그리하여, 유기적 뇌는 소멸되고 마음 또는 정신은 컴퓨터에 옮겨져 온전히 새로운 존재가 되리라는 것이 그의 믿음이었다. SF영화에서 다루어지는 내용인데, 필자는 사람의 마음을 기계로 옮겨 융합시키는 모라벡의 시나리오에는 동의하지 않는다.
5 Hans Moravec, 『마음의 아이들: 로봇과 인공지능의 미래』, 박우석 옮김, 김영사, 2011.

하게 한다.

지능의 발전은 이렇게 놀라운데, 로봇의 움직임은 그렇지 못하다. 로봇은 우리가 흔히 말하는 본능적 인간의 행위 수준(웃고 울고 몸을 비틀고 움직이고 미소를 짓는 행위 등), 즉 한 살 아기의 유연하고 자유로운 움직임을 따라가지 못한다. 그래서 로봇공학 및 산업이 계속해서 로봇의 인간화를 지향하나, 로봇은 '지능 따로 행동 따로'라는 기술적 한계에 봉착한다. 나노기술이나 융합생명공학 기술 그리고 구동 동력의 향상으로 로봇의 모든 시스템이 바뀌지 않는 한, 로봇은 지능에 비교해 행동은 어린아이의 수준 또는 그 수준에도 미치지 못할 것이다.

마지막으로 로봇의 감정이다. 인간의 감정을 모방하는 일명 감정 로봇은 로봇의 지능과 같이 점점 인간형이 되고 있다. 인간은 유희적 존재이며 대화를 통한 관계성 안에서 상호 친교를 나눈다. 이러한 인간의 관계성은 초월적 인간 지성으로 인간이 아닌 다른 대상에게도 작용한다. 그래서 인간은 본능적으로 인간을 닮은 휴머노이드 로봇 또는 인간 친화형 로봇에게 친밀감을 가진다.

인간 친화형 로봇에는 서비스 로봇service robot 그리고 유희 로봇(entertainment robot)이 있다. 서비스 로봇은 인간을 대신해서 여러 가지 일을 대신하는 로봇을 말한다. 청소나 화단 정리를 대신하고, 레스토랑이나 사무실에서 안내와 심부름을 하기도 한다. 맹인을 안내하기도 하고 관광지에서 관람객을 안내할 수도 있다. 이러한 일들에는 크게 인간과의 감정적 교류가 필요하지 않기에, 비교적 단순한 인공지능만을 장착한 로봇이면 가능하며 실제로 일부 분야에서는 이미 실용화되고 있다. 한편 유희 로봇은 말 그대로 사람을 즐겁게 해주는 로봇이다. 여러 형태의 애완용 로봇들이 가장 대표적이며, 사회의 고령화 및 개인화에 따라 이러한 형태의 로봇 수요는 급속도로 증가하고 있다.

감정 로봇의 대표적 예는 로봇 '페퍼'이다. 페퍼 개발에 참여한 '코코로SB'의 대표 오우라 키요시는 감정 인공지능의 개발 목적에 대해 다음과 같이 이야기했다.[6]

감정은 생리 반응으로 인식됩니다. 높은 곳에 서면 무서움을 느끼고, 좋아하는 사람을 보면 마음이 두근거리는 것처럼 말이지요. 한편 감정은 지식으로도 연결할 수 있습니다. 학습을 통해 지식을 키워나가는 방법은 '주변의 인정을 받고 싶어.' '직업을 잃고 싶지 않아.'처럼 살아가기 위한 본능에 따른 것이라고 할 수 있습니다. 자율 로봇을 목표로 설정한 상태에서 감정은 반응 및 행동에 동기를 부여합니다.

오우라 키요시에 의하면 인간이 감정 로봇을 개발하는 이유는 인간 친화형의 목적도 있지만, 로봇의 자율성 또는 자율적 학습을 위해서는 인간과 같은 감정이 필요하다는 것이다. 자율적 감정 로봇의 개발이 로봇의 인간화에 있어서 매우 중요한 이유가 되겠다.

하지만 자율성을 지향하는 감성 로봇의 개발에 대해서 매우 민감할 필요가 있다. 로봇의 감정은 인공적이지만 사람은 그러한 로봇에게 정서적 유대를 기반으로 인격적 지위를 부여할 수 있기 때문이다.[7] 따라서

---

6 다카하시 도루, 앞의 책, 64면. 오우라 키요시에 따르면 인간의 감정은 세로토닌(serotonin), 아드레날린(adrenaline), 도파민(dopamine) 등의 신경전달물질 분비에 따라 결정된다. 페퍼에게는 신경전달물질을 참고한 복수의 유사 신경전달물질이 있는데 이것을 혼합하여 감정을 만든다. 그리고 페퍼가 느끼는 감정은 페퍼 안에 설치된 화면의 '감정지도'가 지시한다.

7 예로서, 2013년 개봉된 영화 〈그녀(Her)〉이다. 주인공 테오도르는 인공지능 사만다를 인격(person)으로 대우한다. 즉 인격을 부여한다.

인간과 구별되는 외형 그리고 인공감정의 한계점이 명확해야 할 것이다.

3. 로봇의 인격적 지위

인간과 똑같은 외모, 사고능력, 감성을 가진 로봇이 만들어진다면 이것은 우리가 당연하게 받아들여 오던 인간의 본질 및 인간과 인간이 아닌 대상의 차이를 비판적 관점에서 다시 돌아보게 만든다. 앞서 언급한 것처럼 로봇공학은 인공지능의 발전 그리고 최첨단 기술과의 융합으로 점점 인간의 본질을 향하고 있다. 자율성을 지향하는 로봇의 지능, 안드로이드를 지향하는 전자 몸체, 그리고 인간과의 경계가 사라지는 정서적 교류는 미래 로봇의 방향성이다. 따라서 비록 인간과 같은 로봇으로서 안드로이드는 미래의 일이지만, 미래에 마주칠 수 있는 질문들, 즉 로봇의 윤리적, 법적, 인격적 지위 문제를 미리 숙고하는 것은 유익한 일이라 하겠다.

로봇의 인간화가 인간의 본질을 위협하고 있는 이 시점에 현대 과학기술은 또한 인간의 로봇화를 재촉하고 있다.[8] 그렇다면 로봇의 인간화 그리고 인간의 로봇화에 대응하는 인간의 본질은 무엇인가? 지금 그리고 미래에도 인간 정체성의 근본이 될 수 있는 인간학적 근본은 무엇인가? 필자는 이러한 질문을 숙고하면서 그 대답을 인격에서 찾는다. 인격은 인간종(種, species)으로서 자기규정 그리고 인격적 몸으로서 인간의 본질적 특성을 함의하는 자기 정체성이기 때문이다.

---

8 인간의 로봇화는 인간과 기계의 결합이라는 트랜스휴먼에서 기계와 인간의 융합, 신인류, 사이보그, 새로운 종이라는 일컫는 포스트휴먼에 대한 전망이며, 나노기술 및 생명공학의 진보에 따른 인간의 본질적 특성이 변화하는 것이다.

로봇에 대한 인격개념 적용 문제

제4차 산업혁명 시대를 맞이하면서 그리고 로봇시대를 맞이하면서 세계 각국은 로봇공존 사회에 대비하기 위한 중장기적 연구를 수행하고 구체적 대비책을 모색하고 있다.

2017년 우리나라 국회의원 한 사람이 동료의원 36명과 함께 "로봇에 대해 특정 권리는 물론 의무를 가진 전자적 인격체로서의 지위를 부여토록 하여 윤리규범을 준수하도록 하는 '로봇기본법' 제정안을 공동 발의 했다."[9] 대표 발의자는 "최근 로봇과 로봇기술의 비약적 발전으로 로봇이 생활의 편의성 증진을 위하여 제작된 기계장치의 수준을 넘어 정보를 스스로 학습하고 고차원적인 인간의 정보처리 능력을 구현하는 수준으로 진화하고 있다"라며 "이에 로봇과 로봇관련자가 준수하여야 하는 가치를 로봇 윤리 규범으로 명문화하고, 로봇에 특정 권리와 의무를 가진 전자적 인격체로서의 지위를 부여해 로봇과 인간이 조화롭게 공존하는 새로운 사회에 대비하기 위해 법안을 발의했다"라고 법안 발의에 대해 설명했다.[10]

필자는 발의된 법안의 주요 내용 중에 "로봇에 대하여 특정 권리와 의무를 가진 전자적 인격체로서의 지위 부여"에서, 로봇에게 인격 또는

---

9 김아름내 기자, "로봇, 전자적 인격체로 지위 부여 법 발의," (2017.07.21.)
  http://www.e-conomy.co.kr/news/articleView.html?idxno=21018.
10 법안의 주요 내용으로는 1) 국가는 로봇에 대하여 특정 권리와 의무를 가진 전자적 인격체로서의 지위 부여, 로봇에 의한 손해가 발생한 경우 책임 부여 및 보상 방안 등과 관련한 정책을 마련해야 된다는 점 2) 국무총리 소속으로 국가로봇윤리·정책위원회를 설치하고, 국가로봇정책연구원을 설립하여 로봇공존사회의 도래에 따른 교육·고용·복지 등 사회 각 분야의 미래변화를 예측하고 대응해야 된다는 점 3) 정부는 사회적 약자들이 로봇과 로봇기술 이용의 기회를 누리고 혜택을 향유할 수 있도록 대책을 마련해야 된다는 점 4) 로봇에 대한 등록제도 시행과 로봇의 제조자는 로봇의 결함으로 손해를 입은 자에게 그 손해를 배상하도록 하고, 정부는 이용자의 권익 보호를 위한 시책을 마련하도록 한 점 등이 담겨있다.

인격체라는 용어의 적용이 불가능함을 표명한 적이 있었다.[11] 인격은 인간의 정체성이다. 최근 휴머노이드 로봇의 지성 및 감정 지능이 매우 발달하고 있음은 사실이다. 하지만 인간과 같은 말과 행동 그리고 생각을 한다고 해서 로봇에게 '인격체'라는 용어 사용이 적당할 수 없다. 인격체 앞에 전자적이라는 단어가 붙지만, 그래도 인격이나 인격체의 용어는 인간의 신분 및 정체성에 관련된 용어이기에 공식적이고 합법적인 차원에서는 로봇에게 적용할 수 없는 것이다.

어떤 존재가 권리와 의무를 가진다는 것은 독립된 개별 존재로서 타자와의 관계가 전제되는데, 그러한 관계성은 오직 인간존재만이 향유하는 가치이다. 인간은 사회성, 역사성, 초월성, 그리고 인격성으로 타인과의 관계 안에서 세계 내 존재하며, 이러한 존재자에게 권리와 의무가 부여되는 것이며, 그러한 존재자가 바로 인격체이며, 인격체는 세계에 존재하는 수많은 존재자 중에서 오직 인간존재뿐이다. 인간만이 인격적 존재인 것이다. 그러므로 로봇에게 직접적으로 '권리와 의무' 그리고 '전자적 인격체'라는 말을 적용하는 것은 부적절하다. 로봇의 인간화가 시대적 흐름이라면, 로봇에게는 인간과 구분되는 다른 용어를 만들고 그러한 용어를 사용함으로써, 인간은 스스로 인간 주체성을 가질 수 있는 것이다.

다시 말하면, 사회 및 국가는 인공지능 로봇의 개발자나 소유자에게 자신의 인공지능 로봇에 대한 권리와 의무를 부여할 수 있으나, 인공지능 로봇은 인격체가 아니므로 스스로는 권리와 의무를 가질 수 없다. 앞으로 여러 첨단 융합기술의 발전으로 뇌 복제나 마음의 다운로딩

---

11 김태오, "인공지능 로봇에 대한 인간의 인격개념 사용문제," 『가톨릭신학』 31호, 2017년 겨울.

또는 업로딩 기술에 대한 문제가 제기된다면, 그때에는 포스트휴먼과 같이 더 이상 인간이 아닌 새로운 개체에 대한 논의가 될 것이다.

한편, 우리 사회는 인격에 대한 개념을 단지 성격이나 인간 개인의 특징 정도로 이해하고, 인간이 아닌 기계(인공지능, 로봇)에게 매우 쉽게 인격적 지위를 부여하려는 오류에 있다. 지난 20세기 말 의료 및 생명 공학의 발달로 인간 생명에 대한 논의가 뜨거울 때가 있었다. 인간 생명은 과연 언제부터인지 그리고 어떠한 상태일 때 인간은 인격체로서 지위를 갖는가에 대한 논의였다. 이를테면, 인간의 초기 생명과 관련된 수정란, 배아, 태아에 대한 인격 인정에 대한 논의 그리고 비가역적 혼수상태에 있는 환자에 대한 인격적 지위 문제였다. 여기서 인격의 문제는 어떤 인간에 대한 상황 및 인간의 본질 문제였다.

하지만, 지금은 인간이 아닌 인공지능이나 로봇에게 인간의 정체성 그 자체라 할 수 있는 인격에 대해 말하고 있다. 이는 결코 단순한 문제가 아니다. 사회가 로봇에게 부여하려는 언어의 인격체 개념은, "인간은 인격이다"라는 명제처럼 "인격은 로봇이다"라는 언어적 개념이 형성될 수 있음을 우리는 명심해야 한다.

비록 세계사 안에서 인격개념이 시대나 문화의 흐름에 따라 다양하게 해석되어진 것은 사실이지만, 인격개념이 인간의 권리 및 존엄성과 직결되며 인간존재의 본질적 요소임은 동서양 모든 사상의 한결같은 목소리였다.

로봇에 대한 인격개념 적용 불가능성 논증

감정, 사고, 공감 능력을 가진 인공지능 로봇이 인간이 될 수 있을까? 로봇이 인간의 피부를 가지고, 인간의 언어를 구사하고, 인간의 행동을 한다면 과연 그러한 로봇이 우리 인간 사회에 유익할까? 또한 로봇과 공존하는 사회를 피할 수 없다면, 인간에게서 로봇은 어떠한 실재가 되어야 하는가? 현대사회의 다양성 안에서 이러한 질문들에 답은 결코 단순하지 않을 것이다. 로봇산업에 대한 호응도가 매우 높은 분야 및 사람들은 이미 로봇을 인간의 친구로 홍보하기 시작한 반면, 필자와 같은 인문학 관점에서의 인간이해 그리고 인간의 존엄성을 추구하는 사람에게는 인간존재 및 가치에 위험이 될 수 있는 로봇에 대한 경계를 우선적으로 하지 않을 수 없다.

필자는 인격이 인간 고유성의 산물임을 다시금 강조하면서, 〈부록 1〉에서 정리한 인격개념(개별체로서의 인격, 가치의 의미로서의 인격, 관계로서의 인격)을 토대로 로봇이 인간일 수 없는 이유와 로봇과 인간의 경계는 절대적으로 필요함을 다음 세 가지로 논증하고자 한다.

첫째, 인격은 인격적 몸이며, 로봇은 인간의 몸을 가질 수 없다.

보에티우스는 "인격은 이성적 본성의 개별적 실체"라 정의했다. 인격에 대한 그의 명제 '이성적 본성' 그리고 '개별적 실체'는 오늘날 인간 본성 및 인간생명에 대한 다양한 이해로 좀 더 포괄적으로 이해된다. 하지만 인간이 스스로 인간일 수 있는 속성 및 규정으로서의 인간 본성과 유기적 통일체로서의 인간의 몸이 인격을 구성하는 요소임은 변함없는 사실이다.

인격은 몸을 초월한 정신이 아니라 시공간적으로 지속하는 개별적 몸을 가진 구체적 존재이다. 그리스도교에서 신이 인간을 창조할 때, 무無에서 유有로의 세상창조와 달리 진흙(物質)을 빚어 사람을 만들어 숨을 불어넣어 인간을 만드셨다고 전하는데, 이는 개별적 몸을 가진 구체적 존재로서의 인간 창조가 강조됨이라 하겠다. 즉 인간의 창조는 육체와 영혼의 결합이며 그 결합은 단일적이고 전인적이다. 특히 인간의 영혼은 오직 육체를 통하여 현실적으로 존재하기에, 인간의 육체성은 단순한 활동 및 그 아름다움에 그치지 않는다. 인간은 온전히 육체적이며 동시에 온전히 영혼 실재이다.

이러한 원칙에서 인간이 아닌 인공지능 로봇은 어떠한 경우에도 인간의 몸을 가질 수 없다. 최근 과학기술은 인간 촉각능력 이상을 요구하는 생체치료 및 수술용 소프트 로봇과 같은 의료, 헬스케어시스템 및 재난구조나 방위산업 등 다양한 산업분야에 적용할 수 있는 전자피부를 개발하고 있다. 하지만 전자피부는 인간의 몸이 될 수 없다. 왜냐하면 인간의 몸은 질료, 물리적 몸을 넘어서는 육체와 영혼의 실체적 결합이기 때문이다.

인간의 몸은 인격적 몸이다. 인격적 몸은 누구에 의해 구속 또는 소유되는 관계가 아니다. 인격적 몸은 그 자체가 인격이기에 심지어 내가 나의 몸을 소유하는 것이 아니다. 나의 몸은 내 자신으로 존재론적으로 질료와 형상이 함축된 유기적으로 통합된 하나의 실체이다. 그래서 내 몸이 다른 개체, 이를 테면 인공지능이나 로봇에 종속되거나 분리될 수 없다. 만약 종속과 분리가 가능하다면 그 몸은 더 이상 인격적 몸이 아니다. 그리고 그러한 몸은 로봇의 몸체나 두뇌 없는 안드로이드 몸체와 같이 빈껍데기에 불과하다.

정리하면, 인공지능 로봇은 인간이 아니기에, 인간의 인격 그 자체인 개별적 몸을 가질 수 없다. 달리 말하면, 인공지능 로봇이 인간의 본질적 구성인 인간의 개별적 몸을 갖지 않는 한, 인공지능 로봇에 인격이나 인격체의 개념 적용은 불가하다. 그리고 인공지능 로봇이 인간의 개별적 몸을 결코 가질 수 없는 이유는, 인공지능 로봇은 인간보다 똑똑할 수 있고 새로운 개체가 될 수 있으나, 결국 인공물이라는 사실이다.

둘째, 두뇌는 인간의 정신이며 인간의 존엄성이다. 따라서 로봇은 인간의 두뇌를 가질 수 없다.

앞서 인격에 대한 세 가지 설명에서 가치의 의미로서의 인격을 언급하였다. 인격적 존재로서 인간은 자연세계 내 가장 완전한 가치를 지닌 존재임을 스스로가 인지한다. 인간의 가치는 인간 자신의 체험과 정신적 활동에 있다. 타인을 배려하고 타인에게 자신을 개방하며 타인에게 온전히 자신을 내어줄 수 있는 인간의 초월적 자유는 인간존재의 가치성을 드높인다.

앞 장▪'인간의 인격성과 인공지능'에서 언급했듯이 현대 물질주의 관점의 기능주의는 정신을 물질적인 뇌기능의 결과물로 보고 오직 생리학적 반응으로 뇌의 기능 및 정신활동을 파악한다. 이러한 환원주의 또는 창발론적 접근은 인간의 정신적 가치를 축소시킨다. 하지만, 인간의 정신은 창발적 속성과 같은 뇌기능의 해석으로 설명될 수 없는 고유한 가치가 있다. 그리고 그 가치로서 인간은 스스로 존엄함의 의미를 찾는다. 이러한 인간의 자기 믿음은 개개인의 주관적 체험에서 비롯되며, 이 체험은 복잡한 기계적 회로망의 작용이 아닌 고유하고 신비로운 인간의 정신적 활동이다. 이러한 의미에서 인간의 두뇌와 정신은 서로 분리될 수 없는 인간의 고유영역으로 자리한다.

인간은 육체적이며 동시에 정신적인 존재이다. 즉, 인간은 세계 안에서 육체성을 가진 정신적 존재이며, 정신은 육체를 통해서 세계 안에서 활동하고 자기 자신을 표현한다. 인간의 정신적 활동은 인간 자신이며, 인간은 자신의 지성적 활동으로 스스로를 초월할 수 있는 존재이다. 인간의 두뇌와 정신의 관계는 어떤 면에서 육체적-정신적 존재로서의 인간이해와 같은 맥락으로 해석되어 진다.

최근 인공지능의 발전이 급성장하고 있지만, 인공신경망 기술로 인간의 두뇌를 모방하는 것은 그 한계가 있다. 그래서 한스 모라벡의 두뇌 및 마음의 복제 또는 전송에 대한 예측기술이 다시 고개를 들고 있다고 본다. 현재 휴머노이드 로봇의 지능은 기계적 알고리즘으로 구성되어 있는데, 기술의 욕망은 두뇌 및 마음을 복제하는 한스 모라벡의 예측이 실현되는 그날까지 그 길을 멈추지 않을 것이다. 그래서 만약 그날이 온다면, 새로운 개체의 탄생이며 인간의 정체성은 혼란의 늪에 빠지게 되리라 본다.

비록 과학기술을 온전히 통제할 수 없지만, 기술이 결코 나아가지 말아야 하는 방향이 있다고 많은 이는 생각한다. 예를 든다면, 인간의 복제기술이 그러하고 로봇공학에서 인간두뇌의 복제 및 이동이 그러하다. 기술의 가능성을 떠나 그러한 길은 인류파멸에 이르는 길이라 말할 수 있기 때문이다. 언젠가 미국의 대통령이 "내 책상아래에 있는 핵 버튼을 언제든지 누를 수 있다"라고 한 적이 있다. 기술은 인간의 생명을 위협할 수 있음이 역사로부터 배운 교훈임을 우리는 잊지 말아야 한다.

인간의 두뇌는 인간 정신의 산물이며 인간의 고유한 인격성을 창출한다. 따라서 유전공학 및 전자공학적인 인간 두뇌의 복제 또는 전송은 인간의 본질을 스스로 잃는 파멸의 길이라 생각한다. 사람의 신경세포인 뉴런neuron의 연구로 인공신경망(Artificial Neural Network) 이론이 지속적으로 결과물을 창출하고 있는 것은 좋은 일이나, 유기적 통일체인 인간의 두뇌를 대체하고자 하는 시도에는 인간사회의 통제가 필요하다. 인격적 존재의 가장 중요한 장소라 할 수 있는 인간의 두뇌는 인공지능 그리고 휴머노이드 로봇이 가질 수 없는 영역이어야 할 것이다.

다음 장章에서 다시 다루겠지만, 영화 〈바이센테니얼 맨〉에서 로봇 앤드류는 인간의 지위를 얻기 위해 유기적 몸이 아닌 인공두뇌를 포기한다. 인공두뇌로서는 인간의 지위를 얻을 수 없기에, 영생을 포기하고 유한한 죽을 몸으로 자신을 개조한다. 두뇌는 인격적 몸과 분리될 수 없는 인간의 본질적 구성요소인 것이다.

정리하면, 인공지능 로봇은 인격의 주체가 되는 인간의 두뇌를 가질 수 없다. 그뿐만 아니라, 그러한 시도는 인간 스스로가 포기해야 하는 것이다. 인간의 두뇌는 인간의 정신적 활동이며 인격적 몸에서 가장 중요한 장소이다. 인공지능의 발전으로 비록 로봇이 인격적 속성을 지닐 수는 있을지라도, 인간의 두뇌를 가진 인격적 몸이 아니기에 로봇은 인격일 수 없다.

셋째, 인격은 타인과의 관계로서 형성되며, 인공지능 로봇은 인격 형성의 기초를 이루는 인간의 본질적 결합공동체[12]의 일원일 수 없다.

앞서 인격에 대한 세 가지 설명에서 관계로서의 인격을 언급하였다. 관계로서의 인격에서, 필자는 인간의 인격성 실현을 강조하였다. 그리고 인격성 실현은 타인 및 다른 사물과의 관계, 즉 아기가 세상에 태어나 제일 먼저 어머니를 만나고 이어서 다른 가족과 다른 많은 사람을 만나게 되는 체험으로부터 비롯된다고 하였다.

인간의 인격이 인격적 관계를 맺게 되는 타인에 의하여 각성되고, 타인과 함께 계발된다는 사실은 인격을 성취하는 인간에게 있어서 매

---

12 여기서 인간의 본질적 공동체는 가족과 친척 그리고 가까운 이웃처럼 자연적으로 맺어지는 유기적인 사회관계를 말한다.

우 중요하다.

인간은 태어나는 순간부터 세계 내 존재하며 가족, 친척, 친구들과의 인격적 관계를 형성하는데, 바로 이렇게 형성되는 장場이 인간의 본질적 결합공동체이다. 그런데, 만약 인간이 세계 내 존재의 시작부터 인간이 아닌 휴머노이드 로봇과 함께한다면 인격적 차원에서 어떠한 일이 일어날까 생각해본다. 인간의 인격 형성이 로봇화되지 않을까 싶다. 예로서, 만약 지적 및 감성적 공감 능력을 갖춘 로봇이 아기의 최초 체험자가 된다면, 아기의 인격 형성은 예측불허가 될 것이다. 인간은 인간이 아닌 것을 인간처럼 받아들이는 능력이 있음을 부정할 수 없기에, 아기는 자신과 공존하는 로봇을 인간이라고 생각하고 대화할 가능성이 크다.

인간은 이 세상에 존재함과 동시에 타인을 만나고 타인에 의해 생존하고 타인과 함께 삶을 살아가는 사회적 존재이며 동시에 역사적 존재이다. 인간의 역사성은 과거, 현재, 미래의 수평적 시공간의 지속성과 함께 시공을 초월하는 능력까지 포함된다. 지금 현재 내가 여기에 있으면서도 인간의 사고는 과거와 미래를 넘나들 수 있기 때문이다.

로봇은 인간의 속성들을 지닐 수는 있지만, 인간의 체험을 기반으로 하는 사회성이나 역사성을 가질 수 없다. 그래서 로봇은 인간 공동체의 일원일 수 없는 것이며, 공동체의 일원이 아닌 존재에게 어떠한 권리나 의무 그리고 인격적 지위를 부여할 수는 없는 것이다.

정리하면, 인간의 몸을 가질 수 없고 인간의 두뇌를 가질 수 없는 로봇은 인간의 본질적 결합공동체의 일원일 수 없다. 그 이유는, 계속 언급되듯이 인격적 관계는 인격체 상호간의 관계이며 그 관계의 주체는 개별 인간들뿐이기 때문이다. 신학자 벨테Bernhard Welte는 인격체로서의 인간은 세계 안에서 현존하는 하나의 원천적 실재라고 규정하면서 인격적 관계를 강조하였다. 여기서 인격적 관계란 하나의 인격체가 다른 인격체에게로 동화되는 융합을 뜻하지 않는, 서로를 건네주면서도 조종되지 않고 자유로운 존재로 머무는 관계를 말한다. 그리고 그러한 관계의 주체는 오직 인간 자신들뿐이다.

육체와 영혼에 대한
인간학적 이해

부록 2
육체와 영혼에 대한 인간학적 이해

1. 몸의 이해

우리의 몸(身)은 우리 자신이다. 인간존재는 몸으로 구성되어 있으며, 어떤 의미에서 개별 인간의 실존 자체가 몸이라 하겠다. 인간의 몸은 정신 또는 영으로서의 몸이라는 이중성을 가진다. 따라서 인간의 몸은 육체 혹은 육신 그리고 정신 또는 영으로 확장되는 보다 포괄적이고 넓은 개념으로 이해되고 있다.[1]

인간은 이성적 존재이며, 자신의 사고 능력을 통하여 자신의 몸을 대상화하고 관찰할 수 있다. 즉 몸은 나 자신으로 존재론적으로는 하나의 실체이지만, 체험적으로는 감각적이며 물질적인 육체와 함께 사고하는 주체로서의 정신적인 내 몸이 작용한다. 인간은 타인과의 관계 그리고 세상 안에서 교류하는데, 육체적 몸으로써 그리고 동시에 정신적 주체인 마음으로 소통한다. 그래서 우리는 인간존재의 구성요소를 몸(肉體)과 마음(精神)[2]이라 할 수 있다.

---

1 최혜영, "몸과 얼", 『인간연구』 창간호(2000), 81면.
2 박용수 외, 『겨레말 용어사전』, 서울대학교 출판부, 1996, 989면. 마음의 의미가 6가지로 정리되어 있다. 1) 의식, 감정, 생각 따위의 모든 정신적인 작용의 근원이며 총체, 2) 타고난 성격이나 성질, 3) 옳고 그름을 판단하는 정신 활동, 4) 겉으로 드러나지 않는 본래 생각, 5) 감정, 기분 등 상황에 따라 미묘하게 움직이는 것, 6) 어떤 이에 대한 관심 또는 생

동양에서는 몸과 마음이 서로 독립된 실체가 아니라 몸이 마음이고 마음이 몸이다. 즉 내 마음은 내 몸의 활동에 수반된 기능으로 중요하고 고귀하기에, 몸과 마음은 서로 영향을 주고받는 상호연관성으로 이해되어 왔다.[3]

맹자는 몸에 있는 감각기관을 작은 몸(小體)이라 부르고 사유하는(思) 능력으로서의 마음을 '큰 몸(大體)'이라 부르면서, '작은 몸'을 따르면 소인이 되고 '큰 몸'을 따르면 대인이 된다고 말한다. 맹자가 몸과 마음을 대소大小의 차이로 구별하면서 마음을 두고 '몸(體)'이라고 불렀다는 점에 각별히 유의할 필요가 있다. 맹자는 마음과 몸 사이에 존재론적인 위상의 차이를 두지 않고, 양자를 서로 大小로 구분, 즉 양적인 차이로 구분할 뿐이다. 맹자에게 있어서 마음이란 '몸 안에 있는 또 하나의 몸'이라 할 수 있다. 더 정확히 맹자식으로 표현한다면, 마음은 '작은 몸 안에 있는 큰 몸'이다.[4]

조선시대 위대한 의료 및 사상가라 할 수 있는 허준은 『동의보감』에서 인간의 몸을 이루는 본질적인 요소들을 물질적인 육肉과 영靈이 아닌 정精, 기氣, 신神이라는 세 가지 측면에서 바라보았다. 정精은 몸의 뿌리이며 생명의 원천으로서 인간의 가장 기본이 되는 물질이며 개체 보존을 위한 생식 활동에 관여한다. 기氣는 정보다는 한 단계 높은 몸의 생리를 담당하며, 기가 몸 안팎을 돌면서 생명을 영위하고 항상성을 유지시킨다. 신神은 인간의 고차원적인 정신 활동을 담당하는 주체이며, 인간의 감정과 심리를 담당한다.

각 등이다.

3 이승환, "몸, 신체, 육체", 『우리말 철학사전』 v.2, 우리사상연구소 엮음, 지식산업사, 2002, 8.
4 프랑스 문화 연구회, 『프랑스 문화 읽기: 몸의 이해』, 어문학사, 1998, 94~101면.

맹자나 허준처럼 동양에서는 일반적으로 인간의 몸을 심신일원론心身一元論으로 간주한다. 심신일원론은 또 다른 내가 있는 것이 아니고, 내가 곧 몸이고 내 몸이 세상과 소통한다고 본 것이다.[5] 인간을 정, 기, 신이라는 세 가지 측면에서 바라본 허준의 관점은 하나의 몸에서 정·기·신으로 몸의 기능을 설명한 것이다. 맹자도 마찬가지로 마음을 대체大體로 육체를 소체小體로 말하면서 몸과 마음이 결국 하나의 몸으로써 조화를 이루어야 함을 내포하고 있다.

2. 서양사상에서 육체와 영혼의 관계

일찍부터 인류 역사 안에서 인간은 공동생활 및 문명을 건설하면서 자신의 정체성을 드러내기 시작했다. 그중에서 인간의 '육체와 영혼'은 가장 중요한 인간의 존재론적 체험으로서, 인간의 본질을 이해하는 기틀이 되었다.

인간은 왜 죽으며, 죽고 나면 어떤 일이 생길까? 이러한 질문은 원시시대부터 인간의 체험으로 나타났다. 눈에 보이는 육체와 함께 인간은 자신의 주관적 체험으로 영혼을 자각하였고, 이러한 자기체험을 기반으로 인간은 육체와 영혼의 의미를 재차 묻게 되었다. 그래서 육체와 영혼의 관련성은 고대세계부터 현대에 이르기까지 서양 사상가들의 주요 관심사로 자리하였다. 또한, 영혼과 육체에 대한 이러한 인간학적 물음은 철학과 신학을 넘어서 현대과학, 의학, 심리학 등과 같은 모든 분야에서 지극히 현실적인 문제로 인식되고 있다.

---

5 신동원, 김남일, 여인석, 『한권으로 읽는 동의보감』, 들녘, 1999, 41~82면.

고대부터 오늘날까지 육체와 영혼의 관계를 규정하는 서구역사의 시각은 크게 두 가지이다. 하나는 육체와 영혼이 서로 각각 분리된 실체로 우리 몸 안에서 존재하며, 이 둘 사이에는 메꿀 수 없는 간극이 존재한다는 관점이다. 다른 하나는 육체와 영혼이 우리 몸 안에서 일체를 이루고 실재하면서 우리 몸을 구성한다는 것이다.[6] 그리스의 철학자 플라톤은 육체와 영혼의 상호분리, 즉 이원론적 입장이며, 그의 제자인 아리스토텔레스는 육체와 영혼은 분리될 수 없는 실체, 즉 육체와 영혼의 단일성을 추구하였다.

1) 플라톤(Platon, 428/427~348/347 B.C)

육체와 영혼에 대한 플라톤의 관점은 한마디로 육체와 영혼의 본질적인 상이성을 주장하는 이원론二元論이다. 이원론은 영혼 따로 육체 따로, 즉 사멸하는 육체와 불멸하는 영혼에 대한 구별이 명확하다. 사실 이러한 관점은 플라톤 이전 고대 선사시대로까지 소급된다. 일찍이 사람들은 가족이나 친지의 죽음 앞에서 영혼과 육신의 구별을 체험하였다. 사멸하는 인간의 육신 그리고 그에 따른 영혼에 대한 인간의 동경이 자연스레 자신들의 삶 안에서 자리한 것이다.

플라톤에게 있어 영혼(psyche)은 육체(soma)와 본질적으로 구별되는 실재이다. 육체는 사멸하는 실재로서 지상의 현실 세계에 속하지만, 영혼은 불멸하는 실재로서 육체에 속하지 않고 질적으로 다른 세계에 속한다. 그에 의하며 인간은 본질적으로 영혼과 육체로 구성된 것이 아니라 영혼만이 본래적 의미에서 인간이다. 영혼은 영원한 것이며 육체와는 완전히 독립되어 존재하는 실재이다. 그래서 지상 세계에서 영혼

---

6 심상태, 『인간: 신학적 인간학 입문』, 서광사, 1989, 88면.

이 육체와 함께 있는 것은 잠시이며, 지상 세계에서의 영혼은 육체에 얽매인다. 마치 감옥에 갇힌 것처럼 영혼은 육체 안에 갇혀 있는 것이다. 그에 따르면 영혼은 영원을 인식하는 비물질적인 것이며, 지상의 현실 세계보다 먼저 존재하며, 감각적인 실재의 원형 역할을 하는 영원한 이데아Idea의 세계에 속한다.[7] 플라톤은 그의 대화편 『국가』 7권의 서두를 장식하는 유명한 '동굴의 비유'에서 감각적 세계와 이데아의 세계를 구분하는데, 이데아 세계를 볼 수 있는 것은 오직 영혼만이다. 다음은 플라톤의 존재에 대한 인식을 잘 설명해주는 '동굴의 비유'이다.

> "대다수의 인간들은 사슬에 묶여 동굴에 갇힌 죄수들로 비유된다. 여기서 사슬은 인간의 감각에 대한 맹신을 상징하며, 죄수들은 손발이 묶인 채 암벽에 투사된 사물의 그림자만을 바라보며 그것을 마치 사물 자체로 착각한다. 그런데 그중에 한 사람이 동굴 속으로 스며드는 빛을 향해 고개를 돌리고, 결국 그 동굴을 빠져나와 참 현실과 만나게 되며, 동굴 안에서 바라보았던 암벽의 그림자는 허상이었음을 알게 된다. 그리고 동굴에서 해방되었던 그 사람은 다시 동굴로 들어가 그가 경험한 새로운 지식을 이야기한다. 그러나 그는 조롱을 받고 결국 동료들의 손에 죽임을 당한다."[8]

플라톤의 육체와 영혼의 관점에서 '동굴의 비유'는 육체, 즉 물질세계의 거짓 및 허상을 말하며, 영혼은 마치 동굴 밖의 세계를 보고 돌아오는 사람처럼 활동하며 더 나아가 참된 진리를 향한 인식자임을 암시

---

7 심상태, 앞의 책, 59~60면.
8 플라톤, 대화편 7권 동굴의 비유.

한다. 즉 영혼은 동굴 안에서 육체의 영향을 받을 수밖에 없지만, 동굴 밖에서는 자유로우며 진리의 세계를 인식한다는 것이다.

또한, 플라톤은 '선장과 배의 비유'로써 영혼과 육체의 관계 및 영혼의 불멸성에 대한 자신의 사고를 드러낸다.[9] 이 비유(선장 → 영혼, 배(船) → 육체)에서 선장(영혼)은 한 배(육체)를 타기 전에도 이미 다른 배를 타고 있다. 선장은 배 안에 들어가 이를 조종한다. 그러나 배가 파손되면, 선장은 그 배를 떠나 다른 배를 타든, 타지 않든 상관없이 존재할 수 있다. 이 비유는 영혼과 육체가 일시적으로 결합되지만, 하나의 온전한 인간은 불멸하는 존재로서 영혼이라는 것이다. 배를 조종하는 선장과 같이 영혼은 육체를 거스르고 통제할 수 있는 실재이며, 육체는 사멸하지만 영혼은 불멸한 것이 플라톤의 선장과 배의 비유를 통해 본 영혼과 육체의 관계이다.

정리하면, 플라톤에게 있어 영혼은 육체와 구별된 독립된 실재이며, 영원한 진리와 접촉하는 진정한 인간이다. 영혼은 지상에서 물질적인 육체(감옥)에 갇히지만, 결국 사멸하는 육체에서 벗어나 영원한 세계로 귀환하는 실재이다. 이와 같은 육체에 대한 매우 부정적인 견해는 서양사를 거쳐서 그리고 그리스도교 사상까지 커다란 영향을 미치게 된다.[10]

2) 아리스토텔레스(Aristoteles, 384~322 B.C)

플라톤의 제자인 아리스토텔레스는 스승과 달리 영혼을 육체와 따로 분리해서 파악할 수 있는 실체로 보지 않고 영혼과 육체의 통일성을 강조하였다.[11] 그는 인간존재의 원칙으로서 육체와 영혼은 실체적인

---

9 심상태, 앞의 책, 60면.
10 진교훈, 『인격: 고대로부터 현대에 이르기까지 인격의 의미』, 서울대학교 출판문화원, 78면.

통일체로 구성되었기에, 육체가 없는 영혼 또는 영혼 없는 육체란 있을 수가 없음을 주장하였다. 육체와 영혼은 분리될 수 없는 실체적 결합으로 늘 함께 있는 것이다.

아리스토텔레스는 도장과 도장에 새겨진 무늬가 하나이듯이 육체와 영혼도 하나라고 설명한다. 영혼과 육체라는 두 개의 불확실한 실체가 함께 결합하여 비로소 인간이라는 단일하고 완전한 실체를 형성한다. 따라서 영혼 그 자체만으로는 아직 인간이 아니고 육체와 함께할 때만 참된 인간이 될 수 있으며, 육체와 영혼의 활동영역을 엄격하게 구분할 수 없음을 통찰한 것이다. 이를테면, 인간의 지각 행위는 영혼이나 육체의 한 측면에 제한되지 않고, 육체를 통해서 영혼이 그리고 영혼을 통해서 육체가 활동을 수행하는 것이다. 예술가들이 나름대로의 고유한 도구들을 가지고 비로소 자신의 창작활동을 수행할 수 있듯이, 영혼도 각자 고유의 육체를 통해서 자기를 실행할 수 있다는 것이다.

이러한 아리스토텔레스 사고의 근거는 '질료質料(matter)와 형상形狀(form) 이론'이다. 여기서 질료란, 형상에 의해 비로소 움직이고 성장하고 살아 있는 것이며, 형상은 자기실현의 원리 또는 목적이나 생명의 원리이다. 질료, 즉 물질은 그 물질이 있게끔 하는 원리로서의 형상이 있었기에 실재한다. 질료는 일정한 형상 없이 표상되지 못하고 형상 또한 독립적으로는 존재할 수 없다. 예로서, 완성된 대리석 조각품은 조각가의 구상이 바로 형상이 되고 대리석이 질료가 된다. 이 형상과 질료는 완성된 작품 안에서 서로 분리될 수 없이 하나를 이룬다. 마찬가지로 인간의 육체(質料)는 영혼(形狀)을 통해서 비로소 존재하며, 영혼 또한 육체를 통해 자신을 실현한다. 이렇게 질료와 형상의 관계로 파악

---

11 C.A. 반 퍼슨, 『철학적 인간학 입문: 몸 영혼 정신』, 강영안 옮김, 서광사, 1985, 11~115면.

된 인간의 육체와 영혼은 서로 상관관계 속에서 존재하며, 그 어느 것
도 홀로 존재할 수 없다. 육체는 영혼에 의해 방향을 설정하고 의미를
찾는 가운데 비로소 육체가 되며, 단순한 물질의 합성체가 아니라 영혼
을 통해서 진정한 육체가 된다.

아리스토텔레스에게서 인간의 영혼은 지상에 존재하는 생물 중 가
장 뛰어난 형태의 영혼이며, 자신의 고유한 몸과의 일체를 이루며 존재
하고 활동하는 육체의 실현이다. 예를 들면, 손이나 눈이 만지고 보는
것은 영혼이 육체를 통하는 활동이기에, 만지는 것은 손의 실현이며 보
는 것은 눈의 실현이 된다. 그리고 그림 속이나 조각으로 새긴 인간의
육체는 진정한 육체가 아닌 것은 생명력이 결여이며, 마찬가지로 시체
에는 생명력의 원리인 영혼이 결여되었기에 진정한 육체가 아니다.[12]

한편 아리스토텔레스는 영혼과 육체의 단일성을 강조하면서도, 인
간의 고유한 정신(nuos; pneuma),[13] 즉 사유능력을 영혼과 구별했다.
인간은 생물계의 한 부분으로 영혼과 육체의 합일체이나, 그의 이성적
반성 능력은 다른 생명체와 구별되는 고유한 정신의 활동이다. 정신의
활동은 영혼에 의한 내적 생활이나 육체와 일체를 이루는 영혼 활동과
는 구별된 독립된 실체이다. 그래서 영혼은 육체에 직결되어 있지만,
정신은 육체에 거의 매이지 않고 특정 감각기관의 구속을 받지 않는다.
정신은 어떠한 무엇이 아니라 모든 것을 포착하고 무한한 가능성을 지
닌 것이다.[14]

결국, 아리스토텔레스는 영혼과 육체를 한 편에, 정신을 다른 편에

---

12 C.A. 반 퍼슨, 앞의 책, 11면.
13 아리스토텔레스는 육체와 동시에 존재하는 영혼과 구별되는 실재로서 정신을 거론하며,
   정신은 육체의 "밖에서" 들어 온 것이고 신(神)적 성격을 지닌다고 규정하였다.
14 C.A. 반 퍼슨, 앞의 책, 124면.

두는 이원론을 주장한 셈이다. 그에게 있어서 육체와 영혼의 일체성은 결국 사멸하는 것이며, 영원불변한 것은 오직 외부에서 들어온 정신이다. 육체의 사멸이 후 정신은 정신의 고향일 것으로 간주되는 본래의 세계로 귀환하게 될 것이다.

3) 토마스 아퀴나스(Thomas Aquinas, 1225~1274)

신플라톤적 그리고 아우구스티누스의 육체와 영혼 사상은 토마스 아퀴나스에 이르러 새로운 관점으로 전환된다. 육체와 영혼에 대한 토마스 아퀴나스의 견해는 성경의 인간학처럼 인간은 온전히 영혼이고 온전히 육체라는 것이며, 아리스토텔레스의 인간관을 계승하여 인간은 육체와 영혼의 실체적 결합으로 단일성을 이룬다. 토마스의 육체와 영혼의 실체적 결합은 아리스토텔레스와 동일하다. 하지만 토마스는 아리스토텔레스와 달리 인간에게 고유한 정신, 즉 사유능력을 영혼과 분리하지 않는다. 토마스는 인간의 정신은 인간 영혼의 작용이며 인간은 본성적으로 육체와 영혼의 실체적 결합이다.[15]

토마스에 의하면 인간 영혼은 본질적으로 육체와 결합한다. 본질적이란 기능적이고 우유적인 결합이 아니라 영혼과 육체는 동시에 실체적 결합으로 존재하는 것임을 말한다. 인간의 영혼은 형상으로서 존재하고 자신의 육체를 존재하게 만든다. 토마스는 영혼으로부터 인간 존재를 바라보며 아리스토텔레스의 입장과 같이 영혼 안에서 육체의 형상적 원인을 파악한다.[16] 따라서 토마스에 의하면 인간의 육체와 영

---

15 심상태, 앞의 책, 72면. 그는 "영혼이 육체의 유일한 형상(anima unica forma corporis)" 이라고 진술함으로써 인간존재의 실체적 단일성을 피력한다.
16 알렉산드레 가노치, 『창조론: 인간과 세상에 대한 그리스도교 이해』, 신정훈 옮김, 가톨릭대학교 출판부, 2012, 167면.

혼은 두 개의 실재로서 구성된 존재가 아니라, 영혼은 육체를 통해 현실적으로 존재하고 육체는 영혼과 본질적으로 일치하기에, 인간은 전적으로 영혼 실재이며 또한 전적으로 육체적 존재이다. 그는 아리스토텔레스의 인간관을 계승하여 육체 없는 영혼의 존재는 있을 수 없으며, 육체 없는 영혼은 몸에서 떨어진 손과 같다고 진술한다. 또한, 그는 육체에 대한 긍정적인 개념과 더불어 영혼과 육체 사이에의 본질적인 일치를 주장하며, 인간의 육체성은 죄의 결과가 아니라 선의 원천이며 영혼의 구원을 위해서 이 세상에 소여되어 있는 것이다.[17]

토마스는 인간의 영혼은 그 안에 존재하는 질료가 변형되어 발생하는 것이 아니라, 오직 신이 그것을 창조하기 때문에만 발생할 수 있는 유일한 실체로 파악한다. 즉 동물들의 영혼은 부모로부터 산출되지만, 인간의 영혼은 지성적 영혼이며 오직 신의 업적인 것이다.[18] 그리고 그 영혼은 자기 자신만의 활동인 지성적 활동을 소유하고 있다는 의미에서 '자립적 형상'이며, 그 존재의 본성상 불멸성이 인정되어야 한다. 세계 내 다른 형상들은 오직 물체(質料)의 존재에 의존해서 생성되고 사라지지만, 인간의 영혼은 신에 의해 창조된 유일한 실체이며, 언제까지나 존속되도록 만들어진 것이라 토마스는 말한다.[19]

죽음 이후에 인간의 영혼은 육체와 분리되어 불멸하며, 육체와 분리된 영혼은 육체의 기능을 수행하지 못한다는 의미에서 온전한 인간은 아니다. 또한, 육체와 분리된 영혼은 육체에 활력을 불어넣으며 육

---

17 심상태, 앞의 책, 73면.
18 인간 영혼은 다양한 기관들을 통해 작용한다. 그 가운데 가장 중요한 능력은 지성과 의지이다. 인간의 지성은 정신적이며 무한한 선을 향한 지식을 지니며, 의지는 사고하는 정신의 주요 활동이다.
19 소피아 로비기(Sofia V. Rovighi), 『성 토마스의 철학적 인간학』, 이재룡 옮김, 가톨릭출판사, 2015. 293.

체의 형상으로서 존재해야 하는 영혼의 창조적 본성과 모순된다. 그래서 인간 영혼은 어떠한 방식으로든 육체와의 재결합이 요구되며, 바로 이것이 영육의 부활이다.

3. 육체와 영혼의 올바른 관계 정립

육체와 영혼의 인간 본질 이해는 사상사 안에서 다양한 방법으로 전개되었다. 이를테면, 육체와 영혼의 분리, 육체와 영혼의 결합, 정신 또는 영혼만으로 인간 실재를 정의하는 유심론唯心論, 그리고 영혼의 고유 특성을 인정하지 않고 영혼을 다른 자연적 현상들과 똑같이 취급하거나 부정하는 유물론唯物論이나 환원주의 등이다.

필자는 육체와 영혼의 올바른 관계성을 토마스 아퀴나스의 육체와 영혼에 대한 인간 이해에서 찾는다. 즉, 인간의 육체와 영혼은 실체적 결합으로 존재의 단일성을 이루며, 육체와 영혼은 긴밀한 상관관계 속에서 하나의 인간존재를 구성한다.

육체는 영혼 없이 존재할 수 없고 영혼은 육체와의 결합 속에서만 존재할 수 있다. 육체와 영혼의 결합 속에서 인간은 영혼 실재이며, 인간은 육체적 존재인 것이다. 토마스 아퀴나스가 주장한 것처럼, 인간은 온전히 육체적이며 동시에 온전히 정신적이다. 인간의 육체는 영혼과 분리된 실재로서 존재할 수 없으며, 영혼은 육체의 유일한 형상으로서 오직 육체를 통해서 현실적으로 존재하는 것이다.

따라서 인간의 영혼은 현실 세계에서 육체를 떠날 수 없다. 육체와 영혼은 실체적 결합을 이루고 있으니 육체 없는 영혼 또는 영혼 없는 육체는 불가능한 일이다. 만약 영혼이 육체를 떠난다면 아우구스티누스는 그것을 육체적 죽음이라 하였고, 토마스 아퀴나스는 육체적 죽음의 순간만이 영혼이 육체를 떠날 수 있다 하였다.

육체와 영혼에 대한 플라톤주의 그리고 데카르트의 이원론적 관점은 인간존재를 '정신적인 것'과 '물질적인 것' 또는 '사유하는 본체(res cogitans)'와 '연장적인 본체(res extensa)'로 구분하고 분리하였다.[20] 이러한 정신과 물질의 분리는 정신은 물질의 도움 없이 그리고 물질은 정신의 도움 없이 그 자체로 존재할 수 있음을 말한다. 즉 비물질적인 영혼이 공간적인 몸에 결합되어 있음이며, 이는 데카르트의 '기계 속에 들어 있는 유령(the ghost in the machine)'의 이론처럼 영혼이 인간의 몸속에 자리 잡고 있음이다. 이러한 인간존재의 분리는 유심론과 유물론의 기반을 제공했으며, 육체와 영혼의 실체 분리를 가능하게 하였다.

정리하면, 인간의 육체와 영혼의 단일성은 인간이 살아가는 실천적 삶 안에서 드러난다. 우리의 삶에서 인간의 육체성이 중요한 이유는, 인간의 물질적 육체는 바로 정신적 영혼의 자기 소여이기 때문이다. 따라서 인간의 육체는 단순히 대상화되고 상품화될 수 없다. 내가 거울을 보는 것은 나의 신체를 살피는 육체성의 표현이며 동시에 미美를 추구하는 내 영혼의 자기표현이다. 인간의 육체는 그 안에서 영혼이 존재하게 되어 특정한 의미에서 바로 인간 자신이 되는 육체이다. 영혼은 물질성의 중재 안에서 자신의 육체를 작용하게 하고 물질적 육체 안에서 자신을 실현한다. 살아 있는 몸은 육화된 영혼 자신이기에, '영혼이 육신의 형상'이라는 진술은 단순한 이론이 아니라 개별 인간의 실천적 삶의 영역인 것이다.

---

20 C.A. 반 퍼슨, 앞의 책, 27면.

PART 3

새로운 미래,
로봇시대

로봇의 인간화, 인간의 로봇화

SF소설이나 영화에서는 로봇이 모든 능력에서 인간을 능가한다. 〈바이센테니얼 맨〉의 앤드류는 가사로봇의 알고리즘에서 벗어나 자신을 스스로 개조하여 인간의 지위를 얻는다. 로봇의 인간화는 로봇이 인간의 삶에 깊숙이 자리하는 것이며, 로봇의 인간화에 이어 최근에는 인간의 로봇화에 관심이 대두되고 있다. 인간의 로봇화는 인간 몸의 일부 또는 전부가 개조되는 트랜스휴먼이나 포스트휴먼을 말한다.

제7장

로봇의 인간화, 인간의 로봇화

1. 로봇의 인간화(인격적 몸 vs 안드로이드 몸체)

인공지능 로봇하면 가장 먼저 떠오르는 것이 필자에게는 영화 〈바이센테니얼 맨Bicentennial Man〉이다.[1] 영화 '바이센테니얼 맨'은 미래 우리들의 집에서 맞이할 수 있는 인공지능 로봇의 모습을 보여주면서, 인간과 비인간의 경계 그리고 인간존재의 본질에 대해서도 생각하게 만든다.

사실 로봇이 인간일 수 있는가의 문제는 매우 허황된 질문이다. 로봇은 로봇이지 어떻게 로봇이 인간일 수 있겠는가? 하지만 그러한 상상이 아이작 아시모프의 소설 『양자인간』[2]에서 제기되었고, 최근 인공지능과 로봇이 화두가 되면서 필자는 이 문제를 다시금 생각하게 되었다.

영화 〈바이센테니얼 맨〉은 로봇이 인간이 되어가는 과정을 잘 나

---

1 1999년 크리스 콜럼버스 감독이 로빈 윌리엄스를 주연으로 만든 영화이며, 1976년 발표된 아이작 아시모프의 중편 과학소설이 원작이다. 〈바이센테니얼 맨〉은 2005년을 배경으로 한다. 지금은 이미 과거가 된 시점이지만 아시모프가 원작을 쓸 때는 30년 후의 미래였다.
2 아이작 아시모프, 로버트 실버버그, 『양자인간』(The Positronic Man), 박상준 옮김, 동아출판사, 1994.

타내고 있는데, 이 과정을 역으로 생각하면 인간이 무엇인지를 숙고하게 한다. 필자가 처음에 이 영화를 접했을 때는 단순히 허구적 소설의 바탕으로서 로봇의 인간적 모습에 집중했다면, 다시 이 영화를 접했을 때는 로봇이 인간이 되려는 과정에서 정말 인간이라는 종種은 무엇이고 인간은 누구이며 인간은 왜 인간인가? 라는 질문을 스스로 하게 되었다.

〈바이센테니얼 맨〉은 원작 SF소설을 바탕으로 로봇의 인간화를 매우 체계적이고 설득력 있게 구성한다. 먼저 영화의 전체적인 줄거리를 요약하고, 그런 후에 영화에서 전개되는 로봇의 인간화 과정을 소설의 내용과 함께 집중적으로 살펴보도록 한다.

2005년 뉴저지, 리처드는 가족을 깜짝 놀라게 해줄 선물로 가사로봇을 구입한다. 설거지, 청소, 요리, 정원 손질 등의 집안일 뿐 아니라 아이들과 함께 놀아줄 수 있는 양전자 두뇌를 가진 로봇틱사 가정부로봇 NDR-114이다. 이 로봇은 '앤드류'로 이름 지어지며, '앤드류(로빈 윌리엄스)'는 리처드를 주인님으로, 그의 아내를 마님으로, 그리고 딸들을 아가씨로 부르며 공손하고 부지런히 소임을 다한다. 그런데 앤드류는, 로봇을 만들던 엔지니어가 샌드위치를 먹다가 마요네즈 한 방울을 로봇의 복잡한 회로 위에다 떨어뜨린 일로 인해 지능과 호기심을 지니게 된다. 어느 날 앤드류가 만든 나무 조각상을 보고 로봇의 인간적인 재능을 발견한 리처드는 그를 마치 친자식처럼 여기게 된다. 그리고 이러한 재능을 가진 앤드류를 불량품으로 간주, 연구용으로 분해하고자 반환을 요구하는 로봇 제조회사로부터 리처드는 끝까지 앤드류를 보호한다. 한편 리처드와 그의 막내딸('작은아가씨')의 도움으로 앤드류는 더 발전하고 사람처럼 되어간다. 결국 앤드류는 자유를 선언하고 자신의 정체성을 찾아간다. 마침내 앤드류는 루버트번즈 회사를 찾아 인공피부를 얻어 인공두뇌를 지닌 안드로이드로 재탄생한다. 그리곤 다시 리처드의 가족으로 돌아온 앤드류는 가장 인간애를 느꼈던 막내딸을 떠나보내고 그녀와 완전히 닮은 손녀딸 '포샤'와 사랑의 관계를 형성한다. 그리고 그녀와의 합법적 결혼을 위해 인간이 되고자하나 재판은 이를 기각한다. 그러나 마침내 앤드류는 인간의 유한성을 스스로 수용하며 죽음의 길을 선택하고, 이에 법정은 앤드류를 이백세를 산 최장수 인간으로 선언한다. 이 선언과 동시에 포샤와 앤드류는 함께 죽음을 맞이한다.

인간의 상상은 참 대단한데, 그 상상이 정말 대단한 것이 되기 위해서는 그 상상가의 인간본질 이해가 정말 중요하다. 필자는 소설 『양자인간』을 통해서 인간의 본질에 대한 저자 아이작 아시모프의 사상의 깊이를 파악할 수 있었다. 그가 로봇이 인간화되는 과정을 설득력 있게 구성할 수 있었던 이유는, 아마도 인간의 본질에 대한 그의 깊은 숙고에서 비롯되었으리라 생각한다. 그래서 소설을 바탕으로 한 영화 〈바이센테니얼 맨〉은 몇 번을 보아도 싫증이 나지 않는다. 영화에 담겨 있는 인간의 의미가 볼 때마다 깊은 여운을 남기기 때문이다. 로봇이 인간이 되고자 하는 과정에서 그리고 그 로봇을 받아들이는 인간의 마음에서 인간이 무엇이며 인간존재의 의미가 무엇인지를 재차 묻게 된다.

다음은 영화의 장면을 네 단계로 나누어 로봇이 인간이 되어가는 과정을 살펴본 것이다.

첫 번째는 로봇 앤드류의 창의성 및 독창성 그리고 자유선언이다. 앤드류는 가사로봇으로서 가족들의 삶을 돌보는 것이 자신의 소임이었다. 그는 로봇이 지켜야 하는 원칙에 따라 인간의 명령에 복종하며 맹목적인 순종을 지켜나간다. 그는 자주 "봉사는 저의 기쁨입니다."라고 말한다. 또한, 앤드류는 지능 및 감정형 로봇으로서 인간에 못지않게 주어진 상황을 판단하고 해결하는 능력, 스스로의 학습을 통해 자신의 지적능력을 향상시키는 능력, 그리고 인간과의 상호 대화와 반응을 통해 인간과의 감정을 교류하는 능력으로 가정 안에서 소중한 존재가 된다.

그런데, 앤드류는 한 걸음 나아가 다른 로봇과 달리 호기심 및 창의성에 기반을 둔 예술적 능력을 보이기 시작한다. 이에 대해 앤드류를 개발한 회사는 '우연히 비정상적으로 만들어진 논리회로의 문제'라고 하지만, 앤드류의 주인 리처드는 로봇개발 회사에 이렇게 말한다. "내가 말하고 싶은 것은, 앤드류는 우연하게 만들어진 것치고는 매우 독특하다는 점입니다."[3] 리처드가 발견한 앤드류의 독특성은 앤드류의 호기심 그리고 호기심을 바탕으로 한 창의적이고 독창적인 목공 작품들이었다.

기계가 할 수 없는 것은 상상과 기억 그리고 호기심과 같은 인간적 의식인데, 로봇 앤드류는 이러한 본성을 가진다. 즉 인간과 같은 방식으로 느끼고 사고하고 행동하는 것이다. 그런데 영화는 이러한 앤드류의 독특성을 우연하고 비정상적인 논리회로의 문제로 돌리는데, 아마도 그 이유는, 기술은 인간과 동일한 방식의 감정 로봇을 만들 수 없다는 것으로 판단된다. 그리고 중요한 사실은 영화의 관점으로서, 로봇이 특정 영역에서 인간보다 뛰어날 수 있지만 인간일 수 없는 조건, 즉 로봇과 인간의 첫 번째 경계로 호기심 및 창의성을 제시하고 있다는 점이다.

영화에서 앤드류는 자신의 능력 및 독특성(예술적 능력)을 리처드

---

3 아이작 아시모프, 로버트 실버버그, 앞의 책, 67면.

가족의 도움으로 지속적으로 향상해 나간다. 그리고 그 결과, 앤드류는 주인 리처드에게 '자유'를 요청하기에 이른다. 앤드류는 "자유를 원해요," "자유를 사고 싶어요."라고 말한다. 결국, 자유의 소중함을 깨달은 앤드류는 자유를 얻게 된다.

"… 판사님, 그러나 더 큰 기쁨을 가지고 일하겠죠. 오늘 법정에서 오직 인간들만이 자유를 누릴 수 있다는 말을 들었습니다. 그러나 전 그 말이 틀렸다고 생각합니다. 저는 자유를 소망하는 사람들만이, 그러한 개념이 있다는 것을 알고 있는 사람, 그리고 마음을 다해 그것을 원하는 사람만이 자유를 누릴 자격이 있다고 봅니다. 제가 바로 그렇습니다. 전 어떻든 인간이 될 수 없습니다. 전 결코 제가 인간이 될 수 있다고 말한 적이 없습니다. 그러나 그럼에도, 전 자유를 원합니다."(『양자인간』, 132면, 자유를 얻기 위한 재판에서 앤드류의 말)

마침내 자유를 얻은 앤드류는 해변에서 그림을 그리고 집을 짓고 자신만의 삶을 영위한다.

자유는 인간실존의 가장 중요한 요소이다. 인간의 여러 속성들, 이를테면 인지 및 숙지능력, 쾌락과 고통을 경험할 수 있는 능력, 또는 자율성 및 이성적 능력 등의 원천은 인간의 자유라 할 수 있다. 자유는 두 가지 특징이 있다. 하나는 내가 다른 존재자들과 구분되는 독립적인 실체로서의 자유이다. 자신의 존재가 다른 존재에 결합되거나 속해있음이 아닌 개별적 자립성이다. 보통 우리는 이것을 자유의 본질에서 소극적 자유 또는 ~로부터의 자유 곧 구속과 묶임에서 해방된 독립적 자유라 한다. 인간은 첫울음과 함께 세상에 나온 순간부터 자유로운 존재이다. 이러한 자유의 특성으로 인간은 어떠한 억압이나 속박 그리고 간섭으로부터 자유로운 권리를 가진다. 즉 모든 개별 인간은 자립적 존재로서 홀로 자신의 삶을 영위할 수 있는 권리를 가진다. 다른 말로, 타인에 대한 자유의 권리를 침해할 수 없다.

자유의 두 번째 특징은 어떤 의미에서 가장 중요한 인간의 본질이다. 그것은 내가 무엇을 결단하고 행하는 자유이다. 이것을 자유의 본질에서 적극적 자유 또는 ~으로의 자유라 한다. 인간실존의 의미가 인간의 자기실현에 있기에, 목적을 향한 적극적 자유가 가장 중요하다. 내가 무엇을 계획하고 행할 수 있는 자유, 나의 감정을 표현하고 나의 지성을 성취해 나갈 수 있는 능력, 또한 내가 타인을 사랑할 수 있는 능력 등은 인간의 고유한 속성인 초월적 자유이다. 인간은 고정되고 모든 것이 완전히 갖추어진 완결체가 아니다. 인간은 되어감의 존재이며 자기 자신을 실현하는 존재이다. 이러한 인간존재의 고유성이 바로 자유의 의미이다.

영화에서 앤드류는 리처드에게 자유를 달라고 하면서, "인간의 역사에서 수많은 사람들이 자유를 지키고 얻으려고 자신들의 생명을 희생하였습니다."라고 말한다. 자유는 인간이 왜 인간인지를 말해주는 열쇠라 할 만큼 인간실존의 가장 소중한 요소이다. 그래서 앤드류가 자유를 원했을 때 사실 나는 조금 당황스러웠다. 자유는 인간의 고유한 속성이며, 자유는 인간의 모든 속성들의 원천이라 할 만큼 중요한 요소이기 때문이다. 이러한 자유를 앤드류는 원했던 것이다.

앤드류가 인간이 되어가는 과정 두 번째는 인간의 몸을 가지는 앤드류이다. 앞서 언급한 것처럼 자유를 원하고 자유의 삶을 살고 있는 앤드류는 이미 인간의 인격성을 지녔다고 할 수 있다. 하지만 앤드류는 한 걸음 나아가 인간이 느끼는 감각을 갖고자 한다. 그리고 결국 인간과 다를 바 없는 인공피부를 얻어 인공두뇌를 지닌 안드로이드로 재탄생한다. 이제 앤드류는 지적인 사고뿐만 아니라, 그의 외형마저 온전한 인간이 되었다. 그런 후 다시 리처드의 가족으로 돌아오는데, 이미 시간이 흘러 자신에게 가장 가까웠던 작은아가씨도 늙어 그녀의 임종을 지켜본다. 그때 앤드류는 작은아가씨의 손녀 포샤의 눈물을 보고, 자신은 슬픈데 눈물이 없음에 실망하고 "울 수 없다는 건 잔인한 것"이라고 말한다.

그래서 앤드류는 자신의 감정을 자신의 몸체가 표현해주기를 원한다. 인간의 생물학적 특성인 웃고 울고 숨 쉬고 먹고 소화하고 배설할 수 있고자 한다. 타인에 대한 감정 및 자유를 가진 앤드류는, 자신의 꿈을 이루는 인간의 욕망처럼 자신의 완성을 추구해나간다. 그것은 단지 외형적으로만 인간적 피부를 한 안드로이드 몸체가 아니라, 유기적 생물체로서의 온전한 감각 인식을 하는 것이다. 결국 앤드류는 자신의 몸체에 유기적이고 인간적인 인공장기들(인공심장, 인공허파, 인공신장, 소화기관 등)을 장치하는 수술을 받는다. 심지어 비록 생식력은 없지만 사랑의 감정으로 성적 행위를 할 수 있도록 자신을 개조한다. 그런 후 앤드류는 이제 스스로를 완전히 인간과 다를 바 없다고 생각하면서, 자신이 사랑한 작은 아가씨의 손녀 '포샤'와 사랑의 관계를 유지하며 자신의 삶에 만족해한다.

영화에서는 이 시점이 앤드류가 스스로를 인간으로 인정하는 시점으로 보는듯하다. 앤드류는 자유를 얻었고 이제 인간 생명체와 동일한 기능을 수행하는 인공장기를 장치했다. 지능과 감성에서 앤드류는 이제 온전한 인간이 된 것이다. 반면, 역설적으로 생각하면 로봇이 인간일 수 없는 이유는 창의성과 감성, 자유, 그리고 인간의 신체기능 때문이라 하겠다.

다음은 앤드류가 인간이 되어가는 과정의 세 번째로, 인간은 유한한 존재라는 것이다. 여기서 인간의 유한성은 인간은 모두 죽는다는 것이다. 영화에서 앤드류는 스스로 인간이 되기 위한 모든 조건을 구비했다고 생각한다. 그래서 포샤와의 합법적 결혼을 위해 법적인 신분을 갖게 해달라고 세계법원에 소송을 제기한다. 앤드류는 자신이 인간의 지성 및 인간적 능력뿐 아니라 신체기관도 다른 사람들과 비슷하다고 주장하면서, 자신을 인간으로 인정해야 한다고 항변한다. 그러나 법원의 판결은 앤드류의 두뇌가 양전자 인공두뇌라는 점에서 인간으로 인정할 수 없다고 선언하면서 앤드류의 청원을 기각한다. 전자두뇌를 가진 앤드류는 생명탄생의 원리를 벗어난 인조인간으로서 영원히 살 수 있기에 인간일 수 없다는 것이다. 즉 불멸의 로봇은 인정해도 불멸의 인간은 인정할 수 없음이 사회의 법칙이라고 천명한다.

그로부터 수년 후 포샤의 나이가 75세가 되면서 포샤는 이 세상을 마칠 준비를 한다. DNA약을 먹고 장기교체를 하면서 생명을 연장하면 되는데, 왜 이 세상을 떠나고 싶은가? 라는 앤드류의 질문에 포샤는 '자연의 섭리'라고 대답한다. 이에 앤드류는 '난 당신 없이는 살 수 없어요'라고 하면서 스스로 결단을 내린다. 결국 앤드류는 전자두뇌를 포기하며 몸의 죽음을 향한 인간처럼 점점 늙어갈 수 있도록 개조된다. 이 부분과 관련해서 소설에서 앤드류는 다음과 같이 말한다.

"나의 양전자 두뇌와 인간 두뇌의 가장 큰 차이가 뭔지 아시오? 사람들이 나를 인간으로 인정하지 않으려는 데서 비롯되는 모든 문제의 근원은 바로 그것이오. 그렇지 않겠소? 뇌의 모양이며 뇌가 무엇으로 만들어졌는가, 혹은 어떤 방법으로 세상에 나타났는가가 무슨 큰 관심거리가 되겠소? 중요한 것은 유기적 인간의 뇌 세포는 죽는다는 것이오. 반드시 죽어요. 피할 길은 없소. 모든 다른 기관은 인공 장기로 교체해서 유지시킬 수가 있지만 뇌만은 교체할 수가 없어요. 뇌가 수명을 다하면 사람은 죽게 되지. 인간의 유기체 뇌는 결국은 죽게 되지요. 하지만 나의 양전자 뇌는….."(363면)

"수십 년 전에 내 양전자 뇌를 안드로이드 신체에 집어넣을 때, 나의 뇌는 유기체의 신경계와 연결되었소. 그러나 신진대사를 일으킬 수 있는 기관들과는 연결되지 않았지. 그렇지 않으면 결국 나의 뇌는 손상을 입게 될 것이기 때문에. 지금 나는 두뇌와 신체를 상호 연결하는 마지막 수술을 받았소. 단절을 없애 버렸소. 나의 뇌는 이제 다른 신체 기관들과 마찬가지로 부패될 수도 있소. 모든 일은 천천히 진행될 것이오. 아주 느리게. 생존 가능성은 내 신경세포를 통해서 천천히 고갈되어 가고 있소"(364~365면)

앤드류의 결단, 즉 인간의 유한성을 스스로 수용하며 죽음의 길을 선택하는 것이 영화의 절정이다. 세계법정은 앤드류의 선택을 존중하며 마침내 앤드류를 '이백 세를 산 최장수 인간'으로 선언한다. 이 선언과 동시에 앤드류는 생존의 기간이 끝나게 되고, 포샤는 자신의 생명장치를 끄게 함으로써 나란히 함께 죽음을 맞이한다.

인간이 왜 인간인가? 하는 질문의 세 번째 답은 '인간의 유한성' 곧 죽음이다. 인간의 유기적 몸은 시간의 지배를 받는다. 인간의 두뇌나 신체 어떠한 부분도 불멸일 수 없다. 앤드류가 처음 인간적 능력을 보일 때 주인이었던 리처드가 이런 말을 했다. "인간은 시간의 지배를 받지만 너에게는 의미가 없어," "모든 것은 늘 변하는 거야," "죽어가고 있어."

인간은 불완전한 존재이다. 인간은 시간과 공간의 지배를 받는 유한한 존재이다. 이러한 유한성이 인간의 본질이며 이를 이해하고 유지하는 것이 바로 인간존재의 의미이다. 과학이 발전함에 따라 인공지능 및 로봇이 인간의 유한성을 넘어서는 편의를 제공할지라도 그것은 과학이며, 인간의 본질은 유한성, 불완전성, 그리고 죽음이다.

마지막으로 앤드류가 인간이 되어가는 과정 네 번째는 '타인의 인정'이다. 앤드류는 마지막 재판에서 이미 늙은 자신의 모습을 보이며, '이제 자신은 늙고 쇠약해지고 소멸될 것이라 하면서 기계로 사느니 인간으로 죽고 싶다'고 말한다. 이렇게까지 하고 왜 인간이 되려고 하는가? 라는 법정의 질문에 앤드류는 "있는 그대로 인정을 받기 위해서"라고 대답한다. 자신의 주체성이 있는 그대로 인정받기를 원한다는 것은, 타인의 인정이 그만큼 중요하다는 의미이다.

한 개별자가 인간의 인격이 되기 위해서는 타인의 인정이 필요하다. 그래서인지 영화는 앤드류가 타인으로부터 인정받아가는 과정을 점진적으로 잘 보여주고 있다. 그 시작은 목각을 만들어 낸 앤드류를 관찰한 주인 리처드이다. 리처드는 인간 고유의 속성들인 창의성, 호기심, 우정 등을 앤드류가 지니고 있음을 파악하고 그의 능력들을 개발해주면서 그를 친가족처럼 대우한다. 다음으로 중요한 인물은 작은아가씨이다. 작은아가씨는 '앤드류가 만든 시계들을 팔면 누구의 것이냐?'는 아빠의 질문에 당연히 '앤드류 것'이라고 한다. 앤드류의 소유권을 인정하는 것은 앤드류를 누구보다도 인정하고 있다는 의미이다. 앤드류는 이렇게 타인의 인정을 통해서 점점 인간화되어 간다. 그리고 마침내 앤드류는 인간 모두를 대표하는 법정으로부터 인정을 청원한다. 그의 원의는 '있는 그대로 인정을' 바란다는 것이다.

위와 같이 타인의 인정으로부터 우리 인간존재는 인격적 존재가 된다. 내가 처음 태어나서 최초의 타인인 엄마 및 가족들로부터 인정받게 되고, 그들을 통해 내가 인격적 존재라는 것을 인식하게 되는 것이 인간의 사회성이며 인격성이다. 인간은 '나와 너'가 동일한 인격적 존재로 상호 인정하면서 세계 내 존재하는 것이다.

지금까지 로봇 앤드류의 인간화 과정을 통해 인간의 본성을 좀 더 깊이 되새겨 보았다. 그것들은 인격적 특징들의 원천이 되는 창의성, 자유, 유기적 몸의 중요성, 인간의 유한성, 그리고 사회적 관계성이었다. 이것들이 인간의 본질 및 실존의 요소를 총망라하지 않는다. 하지만 이들은 영화가 전하는 인간과 로봇의 경계이며, 로봇이 인간화되어 가는 과정에서 거쳐야 하는 필수적 요소라 하겠다.

필자는 앤드류의 인간화 과정을 숙고하면서, 현재 및 미래의 로봇공학 및 로봇개발 산업이 다음 두 가지를 숙고해주었으면 한다.

첫째는 자유에 대한 인간의 본질은 인격처럼 인간만의 속성이어야 한다는 것이다. 그래서 인간형 로봇이 인간의 인격성을 다양하게 구비할 수 있으나, 로봇에게 자유를 주기 위한 기술적 시도(마인드 업로드)는 해서는 안 된다. 앞서 언급한 것처럼, 로봇의 인간화는 새로운 종의 탄생이며 인류의 재앙이 될 수 있기 때문이다. 또한, 로봇이 공학적 측면에서의 자율성을 지향하는 것은 기술적 본능이라 할 수 있으나, 로봇이 스스로 목표를 설정하고 변경할 수 있는 자율성은 인간에게 미치는 위험이 클 수 있으므로 기술의 통제 및 자율성의 한계가 명확해야 한다.

둘째는 로봇이 인간의 몸을 가질 수 없다는 것이다. 인간형 로봇은 인공두뇌로 만들어진 기계이다. 이 기계가 인간의 몸을 재현하는 것, 즉 인간과 같은 촉각을 느낄 수 있는 인공 피부를 취하는 것은 통제의 필요성이 제기된다. 고도화된 인공두뇌가 이미 인간의 인격적 특징들을 드러내는데, 로봇이 외형마저 인간과 같을 때는 앞서 언급했듯이 인간의 정체성 혼란은 심각해질 것이다.

2. 인간의 로봇화(인간의 감정 vs 사이보그)

인공지능 기술 발달로 인해 사람의 능력을 능가하는 로봇이 등장할 것이라는 우려와 기대의 목소리가 많아지고 있다. 이미 SF소설이나 영화에서는 로봇이 모든 능력에서 인간을 능가한다. 예로서, 앞서 다룬 〈바이센테니얼 맨〉의 앤드류는 가사로봇의 알고리즘에서 벗어나 자신을 스스로 개조하여 인간의 지위를 얻는다. 로봇의 인간화는 로봇이 인간의 삶에 깊숙이 자리하는 것이며, 로봇이 인간과의 관계성에서 어떠한 형태로든지 사람을 위협하는 상황에 이를 수 있음이 배제되지 않는다.

로봇의 인간화에 이어 최근에는 인간의 로봇화에 관심이 대두되고 있다. 인간의 로봇화는 과거 인간의 기계화와 비슷한 맥락이지만 차이점이 있다. 인간의 기계화는 인간이 기계처럼 그리고 기계가 인간처럼 움직이는 것의 표현이다. 반면 인간의 로봇화는 인간 몸의 일부 또는 전부가 개조되는 트랜스휴먼이나 포스트휴먼을 말한다.

영국 『이코노미스트』는 올해 발간된 『리엔지니어링 휴머니티, Re-Engineering Humanity』[4]라는 책을 소개하며, 인간성 개념이 현재의 기술

---

4 Frischmann Brett, Selinger Evan, Re-Engineering Humanity, Cambridge University

적 환경에서 새로이 만들어지고 있는 상황을 다뤘다. 미국 펜실베이니아의 빌라노바 대학교수인 저자 브렛 프리시맨Frischmann Brett은 『이코노미스트』와의 인터뷰에서 정보기술 환경에서 인간이 점점 로봇화하는 현상에 대해 경고했다. 그는 오늘날의 기술, 사회, 경제, 교육, 정치, 문화 시스템이 우리를 디지털 기술에 강하게 의존케 하였고, 이러한 환경에 익숙해진 우리는 결국, 기계화된 인간이 되었음이 바로 현실이라고 지적했다. 그래서 프리시맨은 기계가 인간처럼 행하는지를 판별하는 기준인 '튜링 테스트Turing Test'를 뒤집어서, 사람은 얼마나 기계 같은지를 판단할 수 있게 하는 '역 튜링 테스트'가 필요하다고 말한다. 그는 사람이 기계를 두려워하기에 앞서, 사람이 얼마나 기계처럼 행동하는지를 살펴봐야 한다고 역설한 것이다.

최근 유전학, 인지신경과학, 인공지능 분야의 급성장으로 인간의 기계화는 인간의 로봇화로 진화하고 있다. 다가오는 로봇시대는 인간과 기계를 분리시켜 생각하는 산업사회와 다르다. 로봇시대는 로봇의 인간화 및 인간의 로봇화가 보다 분명한 형태로 나타날 것이다. 인간의 로봇화는 이미 시작되고 있는 사이보그cyborg시대의 연장으로서, 인간과 기계의 결합 나아가 인간과 기계의 일체의 시대이다. 첫 장에서도 말했지만, 현대사회에서 인간은 과학기술이 제공하는 수많은 '인공적인 것들'과 같이 살아간다. 인간의 몸에 일시적으로 부착하는 것들(안경, 콘택트렌즈, 치아보철 등)에서부터, 인간의 몸에 영구히 설치하는 것들(인공관절, 인공심장, 다양한 전자칩 등)로 우리 인간은 살고 있다. 즉 인간은 부분적으로 사이버네틱 유기체 또는 사이보그라 하겠다.

지금까지 우리 사회에서 일어나는 이러한 인간의 사이보그화, 즉

Press, 2018.

기계가 인간의 신체를 대체하는 것에 큰 문제의식이 없었다. 그 이유는 인간의 신체를 기계로 대체하는 목적이 거의 모두가 의료용이었기에, 인간의 신체를 대체하는 기계는 당연히 필요하다고 간주되었기 때문이다.

하지만, 첨단 과학기술의 발전으로 이제 우리 사회는 인간의 기계화를 우려해야 할 시점에 있다. 기계로 인한 인간의 능력보강이 필요할 수도 있지만, 역이용될 수도 있기 때문이다. 약물투여 및 남용으로 이성적 판단이 마비된 사람이 죄 또는 범죄의 구렁에 빠지는 일이 있다. 이와 비슷하게 기계와 인체의 결합과 같은 인간의 로봇화가 악용되면, 인간을 제어하고 지배할 수 있다. 이러한 영화의 대표작으로 〈공각기동대〉와 〈로보캅〉이 있다.

영화 〈이퀄스(Equals)〉

인간의 로봇화는 인공지능 기술을 바탕으로 하는 전자공학 및 로봇공학의 영역이나, 유전자 공학의 발달로 인간의 감정을 통제하여 인간을 로봇화한 영화가 있어 소개하고자 한다. 최근에 보게 된 〈이퀄스 Equals〉(2015)라는 영화인데, 이 영화는 인간의 감정을 과학기술로 통제할 수 있는 사회를 배경으로 한다. 인간의 감정을 통제함으로써 인간의 로봇화 사회가 올 수 있음을 함의하는 영화라 하겠다.

전쟁이 있는 후 두 세상(선진국과 반도국)으로 구분된다. 유전자 변형을 통해 감정을 느끼지 않는 사람들이 사는 '선진국'과 일반적인 감정을 느끼는 사람들이 사는 '반도국'으로 나눠진 세상이다. 선진국은 감정이 통제된 세상이다. 이 세계는 다른 어떤 세계보다 평안해 보인다. 사람들은 언제나 잔잔한 음악이 흐르는 깨끗한 곳에서, 모두 맞춘

듯 같은 순백의 의상을 입고 단정한 머리를 하며 반듯한 모습으로 일을 한다. 아무도 불만이 없고 정해진 시간과 공간에서 움직이며, 대중교통을 이용해 집과 일터를 오고 간다. 그 이유는, 이미 언급했듯이 감정이 통제된 사회이기 때문이다. 사람들에겐 감정이 없기에 갈등이나 미움 그리고 좋아하고 싫어하는 마음이 없다. 그래서 사람들의 관계가 평온해서 처음 영화의 분위기는 잔잔하다.

　이곳에서 사람들은 감정을 느끼는 현상을 '병'이라고 생각한다. 병명은 'SOS(감정통제오류, Switched-on-Syndrome)'이다. 이 증상이 있게 되면 인간은 감정 발달로 인해 노동성과 생산성을 해치는 사회적인 적이며, 이들은 반도국에서 사는 사람처럼 '결함인'으로 취급된다. 결함인들은 암 초기에서 말기처럼 단계별로 판정되며, 어느 수준에 이르면 사회와 분류되어 치료감호소에 수용되고 결국 죽게 된다.

　〈이퀄스〉의 주인공 사일러스(니콜라스 홀트)는 어느 날 처음으로 낯선 감정을 느끼며, 곧바로 병원에 가서 진단을 받는다. 그는 치료제를 기다리던 도중에 그의 직장 동료인 니아(크리스틴 스튜어트)가 자살 현장을 목격하고 감정의 변화를 겪는 것을 보게 된다. 그 후 그는 니아 역시 자신과 같은 감정보균자인데, 자신과 달리 병원에 가지 않는 감정보균자임을 인지하게 된다. 그리고 그는 감정을 지닌 니아에게 관심을 갖게 되며, 마침내 그 둘은 서로 사랑하는 사이가 된다. 사랑하는 사이가 되면서 사일러스는 기관 및 직장상사로부터 의심을 받기 시작하고, 니아를 지키기 위해 사일러스는 직장을 옮기고 떨어져 지낸다. 하지만 걷잡을 수 없이 서로에게 빠져든 두 사람은 결국, 자신들의 감정 및 사랑을 지키는 길을 선택한다. 그래서 반도국으로의 탈출을 결심한다. 감정이 허용되지 않는 선진국에서는 살 수가 없기 때문이다.

영화 〈이퀄스〉는 인간의 본질인 감정에 대해 다룬 영화이다. 영화는 감정이 통제된 사회에서 감정이 되살아나는 두 사람을 통해 인간의 감정이 무엇이며 얼마나 소중한지를 말한다. 남자 주인공 사일러스의 감정은 손가락 및 피부감각으로부터 시작된다. 즉 감각을 인식하면서 꿈을 꾸고 무료함과 통증을 느낀다. 이어서 자신을 의식하고 타인을 의식한다. 타인을 의식하면서 타인과의 모든 소통이 가능해지는데, 바로 그것이 인간의 감정이다. 사일러스는 감정이 되살아난 여자 주인공 니아에 대한 본능적 충동과 함께 그녀와 감정적 소통을 하면서, 감정의 있음과 없음의 차이를 분명히 보여준다. 영화에서 보여주는 인간감정의 절정은 남녀 간의 사랑으로 이해된다. 주인공들은 '사랑은 회오리처럼 강렬하며 사랑은 다 주는 거 그리고 존재의 의미를 알게 하는 것'이라 말한다.

필자는 영화가 두 주인공을 통해 전하는 감정의 소중함에 감사한다. 하지만 유전자 조작으로 새로이 형성된 스마트 사회가 전혀 불가능한 시나리오가 아니라는 생각에 깊은 우려심이 든다. 영화는 유전자 조작으로 인한 인간의 로봇화를 표현했지만, 전자칩과 같은 기계를 인간의 신체에 삽입하여 인간의 의식을 조작할 수 있으리라는 생각이 든다. 인간의 신체를 기계로 바꾸는 로봇화가 아니더라도 전자칩 하나만으로도 인간의 로봇화를 가져올 수 있지 않을까 하는 염려이다.

현재 로봇공학에서는 인공감정을 만들기 위해 노력하고 있다. 로봇이 감정을 인식하고 감정을 생성하며 감정을 표현할 수 있게 하는 알고리즘이다. 2015년 소프트뱅크가 개발한 페퍼Pepper는 사람의 얼굴을 관찰해 감정을 인식하고, 2016년 애플이 인수한 얼굴 인식 전문기업 이모션트Emotient는 구글 글래스를 통해 미세한 표정 및 감정의 종류와 강도를 읽어내는 기술을 보유한 것으로 알려져 있다.

하지만 감정로봇은 인간과 같이 감정을 소유하는 것이 아니기에, 기술의 발전이 있더라도 로봇이 할 수 있는 의사소통 및 감정의 표현은 제한적일 수밖에 없을 것이다. 로봇은 인간과 같이 내적인 감정생성이 불가하기 때문이다. 비록 영화이지만 〈이퀄스〉는 주인공을 통해 인간의 내적 감정생성 과정을 잘 묘사하고 있다. 두려우면서도 좋아함을 행하는 인간의 감정, 눈물을 흘리면서도 사랑하는 인간의 감정, 그리고 아픔과 희망의 교차가 바로 인간의 내적 감정생성의 일면이라 하겠다.

로봇기술이 인공감정 개발에 주력하는 이유는 현재로서는 두 가지로 파악된다. 하나는 인간과의 친밀한 유대를 형성하기 위해서이다. 예를 들어, 파로나 아이보 로봇은 애완용 동물로봇인데, 소리를 내고 인간의 반응에 응답한다. 파로의 소유자가 귀엽다고 안아주면 파로는 그러한 행동을 반복하며, 싫다고 짜증내면 다시 그런 행동을 하지 않는다. 아이보도 이와 비슷하다. 따라서 이러한 로봇의 소유자들은 애완동물 로봇에 점차 애착을 느끼며, 애완견처럼 로봇을 점차 가족구성원으로 받아들인다. 로봇이 감정을 인식하고 감정을 생성하며 감정을 표현할 때 인간은 그것이 비록 로봇이며 인공감정에 불과하지만, 그 로봇을 의인화시키는 경향이 있다. 인간은 감정적 소통을 열망하는 자신의 욕구를 로봇에게 일방적으로 적용시키는 것이다.

다음으로 로봇의 인공감정 개발의 목적은 로봇의 지능에 자율성을 부여하고자 하는 기술의 원리 때문이다.[5] 로봇의 지능이 뛰어나며 스스로의 학습이 가능할 수 있으나, 로봇의 지능은 자발성이 아닌 설정된

---

5 여기서 자율성은 앞서 〈바이센테니얼 맨〉에서 언급한 인간의 본질적 자유와 달리, 계산의 목적을 스스로 선택하고 결정하는 로봇의 자율성이다. 즉 공학적 자율성으로 사람의 개입 없이 현재 상태 및 센서 값을 기반으로 주어진 작업을 수행하는 능력이다.

목적으로만 구현된다. 로봇이 인간처럼 자발성을 가지려면, 즉 스스로 목적을 설정하고 결단할 수 있는 능력을 보이려면, 인간과 같은 감정이 필요하다. 선택과 결단을 행하는 인간의 의지는 스스로의 감정에서 비롯되기에, 인간과 같은 로봇을 지향하는 로봇기술에서 인공감정의 개발은 반드시 필요한 것이라 하겠다.

영화 〈이퀄스〉에서 선진국에서 일하는 사람들은 감정이 없으므로, 그들의 대화는 로봇과 같은 기계적이며 지적 대화위주이다. 감정이 결여된 그들은 비록 환경은 스마트 시티이지만, 그들의 행위는 자율성이 없는 자동화 시스템과 같다. 반면 감정을 드러내는 주인공들은 감성적 대화를 한다. 그들은 감정을 기반으로 행위하며, 그들의 행위에는 사랑을 선택하고 죽음을 선택할 수 있는 자유의지가 있다. 두 주인공은 감정오류를 효과적으로 치료할 수 있는 치료약(에쉬비 ENI)을 거부한다. 유전자 조작 치료약을 투여하면 기억만 남을 뿐 사랑의 감정을 갖지 못하기 때문이다.

인간의 감정이 얼마나 소중하고 중요한지를 다시금 생각한다. 인간이 스스로의 정체성을 가지는 것은 지식이 아니라 감정에서 비롯된다. 그리고 그 감정은 인간의 본능이며 인간의 경험으로 성장한다. 인공지능 및 로봇기술이 인공감정을 개발해나가는 것은 기술의 원리이겠지만, 인간의 감정을 대체하는 칩이나 기계의 개발이 결코 있어서는 안될 것이다.

인간과
로봇의 공존

현재의 로봇처럼 앞으로의 로봇도 인간이 수행하기 어려운 일들을 수행하며, 인간의 삶을 도와주고, 인간과의 친교를 이루는 역할을 할 것이다. 로봇이 인간의 친구가 되기 위해서는 로봇이 인간을 해할 수 있는 모든 위험에서 차단되어야 할 것이다. 사람이 실수하듯 로봇도 오작동할 수 있다. 하지만 실수는 일상에서의 가능한 실수가 있는가 하면, 위험시설에서 또는 수술실에서의 오작동은 곧 생명의 위협인 것이다.

제8장

인간과 로봇의 공존

1. 삶의 질을 높이는 로봇의 미래

혁명의 시대는 신기술이 동반된다. 제4차 산업혁명의 신기술은 '초연결 초지능'을 구축하는 모든 기술이며, 이 기술들이 우리의 생활 곳곳에 침투하고 있다. 그중에서 필자는 최근 인공지능의 급성장에 따른 로봇시대를 지향한다. 처음 자동화 시스템과 같은 산업형으로 시작한 로봇은 이제 의료, 서비스, 교육보조, 대화 및 감정공유 로봇 등 다양한 영역으로 진화하고 있다. 얼마 전 인터넷 유튜브에서 소개한 '세계의 쿨한 로봇 10선'이 있다. 전문성을 떠나 이 로봇들을 보면서, 지금의 로봇기술이 어디쯤 있으며 어떤 영역으로 나아가고 있는지 또한 앞으로의 로봇은 얼마나 발전할지를 가늠해보고자 한다. 로봇 10선으로 소개된 것들은 아래의 표와 같다.

명칭 (제조사)	용도	특징
베어 (미국, Vecna Robotics)	위험지대에서 구조 활동	테드베어 얼굴, 발이 튼튼하며 유용 (계란을 쥘 수 있는), 불에 강한 배터리, 무거운 물건 들고 장시간 이동, 원격조정 가능
파로 (일본, 산업기술종합연구소)	심리치료	바다표범 형상, 빛·온도·형태 등 주위감지능력, 인간의 반응학습

아시모 (일본, 혼다)	인간형	인간의 형상, 움직임·소리·얼굴 표정 인식
펫맨 (미국, 보스톤다이나믹스)	군용 방어복 테스트	다양한 지능 및 환경에서의 활동
아틀라스 (미국, 보스톤다이나믹스)	위험한 지역에서의 수색 및 구조활동	관절가진 유용한 손, 섬세하고 복잡 한 일 수행
지보 (미국, 로봇지보기업)	소셜로봇	30센티미터 크기, 고해상도 카메라, 고정형(머리부분 동작), 커뮤니케이 션 가능, 플래너 역할
소믈리에 로보 (일본, NEC 테크놀로지)	와인감식	식품성분 분석
로봇 자키	낙타기수	가벼움, 기수역할
바이오닉 인간 (영국, 섀도사)	인간형	걷기·말하기·호흡가능, 의수·의족· 인공장비로 만들어짐, 인공심장·인 공혈관 흐름
발키리 (미항공우주국, NASA)	우주탐사	재해시 보조 활동, 레이더 기능, 고도 의 작업수행

　현재의 로봇처럼 앞으로의 로봇도 인간이 수행하기 어려운 일들을 수행하며, 인간의 삶을 도와주고, 인간과의 친교를 이루는 역할을 할 것이다. 그런데 위에서 언급한 로봇 10선에서 유추할 수 있는 우려함이 있다. 먼저, 현재에도 여러 국가의 군사지역에서 드론이나 무인기를 이용하고 있지만 군사용 킬러로봇의 개발 가능성이다. 이미 지난 아프가니스탄과 이라크 전쟁에서부터 군사용 로봇들을 볼 수 있었기에, 세계평화를 위협하는 킬러로봇 및 기타 군사용 로봇의 개발이 비밀리에 이루어질 수 있음에 우려함이 크다.

　다음으로 생체공학기술을 이용한 안드로이드(로봇)이다. 외형적으로 인간과 흡사한 로봇이 과연 필요한지 자문하면서, 인체와 흡사한 인조인간 로봇의 개발에 제동이 필요하다고 본다. 앞 도표에서 소개된 '바이오닉 인간' 로봇이 그 예이다. 인간의 특징을 구현하는 일본의 아시모와 달리, 바이오닉 인간은 인조피부를 가진 사람인형 로봇으로 느껴진다. 2013년 영국 BBC에서 크게 보도했던 '바이오닉인간' Rex (Robotic Exoskeleton의 약자)는 심장, 피부, 안구, 췌장, 신장, 팔·다리 등 전체의 70%가 인공으로 만들어진 장기 혹은 보조기기로 구성되었다. 뇌와 소화기관을 제외하면 인공 피부, 인공 안구, 인공 심장, 인공 혈액, 인공 의·수족 등 거의 모든 부분이 이미 상용화된 부품들을 사용한 것으로, 사실상 세계적으로 개발되고 있는 바이오닉 기술의 총체라고 할 수 있었다. 당시 바이오, 나노, 컴퓨터, 기계공학 등 모든 융합기술의 성과가 바이오닉 인간 Rex에 적용된 것으로 생각된다. 이러한 로봇 바이오닉 인간의 출시는 이후의 로봇개발에 바이오 및 생체공학 기술이 크게 적용될 것으로 예측하게 하였다. 실제로 2015년 홍콩의 '소피아' 그리고 2016년 중국의 미녀로봇 '가가佳佳'가 인조인간 모습으로 사람들에게 선을 보였다. 이렇게 인간과 같은 유연한 인공피부의 개발이 계속되고 로봇에게 적용되고 있는 것이 현실이다. 나아가 최근의 인공피부 연구는 인공피부가 '톡톡' 치는 것과 '꾹꾹' 누르는 차이를 보다 정밀히 구별하며, 사람이 느끼는 것처럼 촉감과 압력 그리고 신경전달이 가능하도록 개발되고 있음에 주목한다.

인간 삶의 질을 높이는 로봇의 지속적 개발은 필요하다. 하지만 로봇개발의 목적은 사람과 같은 로봇을 만드는 것이 아니라, 사람에게 유익함을 주는 것임을 로봇공학은 잊지 말아야 하겠다. 앞으로의 로봇은 아래와 같은 영역에서 인간 삶의 질을 높일 것이다.

첫 번째 영역은, 사람들의 관심에서 떠나지 않는 인류의 공공목적을 수행하는 우주탐사로봇이다. 탐사로봇은 1976년 외팔형 로봇 바이킹Viking을 시작으로, 1997년에는 소저너Sojourner 모빌로봇, 2004년에는 스피릿Spirit과 오퍼튜니티Opertunity 모빌로봇이 화성에 착륙하여 화성의 과학 자료를 지구로 전송하는 등 우주개발에서 로봇의 필요성과 중요성을 부각시켰다. 탐사로봇은 인류의 우주탐사에 있어 중요한 역할을 맡고 있다. 이들은 인간이 근접하기 힘든 행성에서 그 지역의 자원, 상태, 환경 등을 조사하여 인간에게 알린다. 이러한 탐사로봇이 있기에 우주여행을 하는 시대가 근접한 것이다. 또한, 우주탐사로봇과 비슷한 맥락으로 재난구조 로봇 및 해저로봇이 있다. 이러한 로봇 연구도 국가 차원의 주요과제가 된 지 이미 오래이며, 그 결과물이 계속적으로 출시되고 있다.

두 번째 영역은, 공공목적 수행 외에도 사회 안에서 인간과 공존자로서의 역할을 수행하는 로봇이다. 좋은 예로서, 로봇택시 서비스이다. 테슬라의 CEO 일론 머스크는 "내년(2020년)부터 로봇택시 사업시작 가능"이라고 하였다. 미국의 일부지역에서 로봇택시 서비스를 시작할 수 있으리라는 것이다. 일론 머스크는 그동안 판매해온 준 자율주행차 모델의 운용을 통해 축적한 데이터를 바탕으로 이와 같은 전망을 제시한 것이다. 일론 머스크의 전망대로 각 지역에서 아직 자율주행차의 안전성이 완전히 확보되지 않았는데도 불구하고, 로봇택시에 대한 규제를 해당 지역에서 열어 줄지는 미지수이다. 그렇다 하더라도 로봇택시의 실현이 눈앞에 있다는 사실은 로봇이 인간의 삶에 깊숙이 자리하는 로봇시대의 진입이라 하겠다.

또한, 사회지킴이 역할로서 경찰로봇이 있다. 최근 미국에서 선보인 교통로봇경찰(GoBetween Robotics)과 공원 지킴이 로봇경찰(HP RoboCop)은 아직 여러 면에서 부족하다. 교통로봇은 다른 경찰대신 교통법규를 위반한 차량으로 다가가 경찰업무를 수행할 수 있다. 스캐너를 통해 운전면허증을 검사하며 벌금스티커도 발행할 수 있다. 하지만 원활하지 못한 움직임 및 AI가 탑재되지 않은 지능은 앞으로 해결해야 하는 숙제이다. 공원지킴이 로봇경찰도 마찬가지이다. 나이트스코프에서 개발한 이 로봇은 이미 2016년 선보인 이후 여러 기업들이 경비로봇으로 활용하고 있다. 다리는 없지만 바퀴에 의해 이동(시속 4.8km)하며 고성능 카메라로 360도 회전촬영이 가능하고, 범죄의 상황 시 경찰을 출동시킬 수 있다. 하지만 16개월의 아이를 치고 지나가고, 취객의 다리에 걸려 넘어지는 등 안전성 문제가 제기되고 있다.

사회를 지키는 로봇 그리고 사회 안에서 인간과의 공존을 이루는 로봇의 개발은 미래사회의 큰 변혁이 될 것이다. 여러 분야에서 이러한 로봇들이 개발될 것으로 전망하기에, 이러한 로봇들의 운용에 대한 지침을 이제는 마련해야 한다고 본다. 로봇은 인간의 역할을 수행하는 것이지 인간이 아니다. 따라서 사회의 지킴이 또는 봉사로서의 로봇은 기능이나 역할에 따라 개발되어야 할 것이며, 개발의 처음부터 인간과의 구별이 명확해야 한다. 이를테면, 로봇의 외형은 인간의 외모를 닮을 필요가 없을 것이다. 그리할 때, 로봇이 행하는 일은 인간과의 일이 구별되며, 인간의 직업도 로봇에게 맡기는 것과 그렇지 않은 것에 대한 구분이 명확해질 것이다. 예를 들면, 경비나 경찰의 임무는 로봇이 일부분 수행해도 가수나 배우 같은 예술인의 직업은 대체할 수 없을 것이다.

세 번째 영역은, 개인 및 가정 도우미 로봇이다. 미래의 로봇은 보다 다양한 형태로 인간에게 다가올 것이다. 그러한 로봇들로는 인간의 생각 및 지식을 대신해주는 개인 업무 및 교육보조 로봇, 인간과의 정서적 유대를 나누는 대화 및 감성로봇, 집안일 및 개인적 일을 수행할 수 있는 가사로봇, 그리고 어떠한 형태로든지 인간의 치유를 돕는 치유로봇 등이다. 지금의 스마트폰이 사람들의 소통을 도와주고 삶의 일부가 된 것처럼, 미래의 로봇도 급속히 인간의 삶을 차지할 것이다. 심지어 로봇은 스마트폰과는 달리 인간의 실제적인 친구의 역할을 할 수 있으리라 본다.

개인 업무 및 교육보조 로봇

모바일 서비스와 교육 보조 로봇이 발달함에 따라, 로봇은 우리의 삶의 일부가 되었고 교육 보조 로봇은 학생들의 교육과 학습에 도움을 주고 있다. 교육보조 로봇의 대표적인 예로 미국의 루트 로보틱스Root Robotics의 '루트 로봇'과 덴마크의 레고사의 '마인스톰'이 있으며, 국내에는 SRC사의 '휴나로보,' 로보티스사의 '올로OLLO,' 유진로봇의 영어교육로봇과 로보로보사의 제품들이 있다. 우리나라의 교육서비스산업에 대한 관심이 매우 크기에, 로봇을 이용한 국내 교육산업은 앞으로도 매우 전망이 밝다. 교육 보조 로봇은 레고형부터 로봇형까지 다양한 라인으로 구성돼 있는데, 최근 급속한 발전을 보이는 빅데이터 및 인공지능 기술은 기존 제품을 업그레이드해 가까운 미래에는 인공지능을 연동해 기계학습을 할 수 있는 제품들이 나오리라 본다. 또한, 방대한 사례를 담은 데이터베이스 및 네트워크의 발전으로 통역이나 번역 그리고 데이터 분석과 같은 개인 업무를 보조하는 로봇이 출시될 것이다. 현재 컴퓨터와 스마트폰에 의지하는 개인적인 일들을 로봇이 대체하리라 본다.

대화 및 감성로봇

대화 및 감성로봇은 언어, 몸짓 등 사회적 행동으로 사람과 교감하고 상호작용하는 로봇이다. 언어 및 몸짓은 사람과의 정서적인 교류가 가능하기에, 지식을 주요 업무로 담당하는 지능 인공지능에 감정의 요소를 장착시키는 로봇이다. 그래서 이러한 로봇은 사람의 말을 이해하는 수준을 넘어서 카메라 및 센서를 통해 상대를 파악하고 분석해 적절한 대화를 하고 감정을 표현한다. 인공지능(AI), 빅데이터, 사물인터넷(IoT), 클라우드 컴퓨팅Cloud Computing 등의 신기술을 로봇에 융합하여 한 차원 더 높은 수준의 로봇기술이 요구된다. 대화 및 감성로봇은 물리적인 도움보다 정신적인 부분에서 사람에게 도움을 줄 수 있다고 보며, 앞으로 인구 고령화와 1인 가족 증가 등의 사회 문제에 대응할 수 있는 방법으로도 주목받고 있다.

대화 및 감성로봇으로는 일본 소프트뱅크의 감정인식 로봇 페퍼Pepper가 대표적이다. 페퍼는 앞서 언급했지만 카메라, 3D 센서, 마이크를 이용해 사람의 표정과 몸짓, 목소리를 인식하는 감정엔진을 가지고 있다. 페퍼는 인간의 감정을 읽어내는 기능과 페퍼 자신의 감정을 표현하는 기능의 두 가지 기능으로 인간과 상호 소통한다. 페퍼는 1백 가지 이상의 감정을 생성할 수 있다. 현재 페퍼는 IBM의 인공지능 '왓슨'의 지능으로 업그레이드되어 자유로운 주제에 대한 대화를 나눈다고 한다. 앞으로의 페퍼의 향방이 주목된다.

대화 및 감성로봇은 로봇과 인간의 공존에 큰 도움이 되나, 앞서 언급했듯이 자율성을 지향하는 감성로봇의 개발에 있어서는 로봇의 인간화에 매우 민감할 필요가 있다. 로봇의 감정은 인공적이지만 사람은 그러한 로봇에게 정서적 유대를 기반으로 인격적 지위를 부여할 수 있기 때문이다. 따라서 인간과 구별되는 외형 그리고 인공감정의 한계점이 명확해야 할 것이다.

가사로봇

가사도우미 로봇은 가정에서 청소, 심부름, 요리 등의 일을 대신하거나 도와주는 가사기능을 수행하는 생활로봇, 그리고 인간의 명령을 이행하고 스스로 학습하며 감정을 지닐 수 있는 인공지능으로 가사, 방범, 교육 등 가족의 많은 일을 도울 수 있는 기능을 가진 로봇이다. 현재에는 집안에서 여러 스마트가전과 연동하고, 카메라와 센서로 사물의 인식이 가능한 로봇 청소기가 대표적인 생활로봇으로 자리하며, 최근에는 요리로봇, 빨래 개는 로봇, 심부름 로봇 등이 개발되고 있다. 하지만 집안의 많은 일을 처리해 줄 수 있는 본래 의미의 가사도우미 로봇의 개발은 쉽지 않다. 그 이유는, 가사도우미 로봇의 수요대상이 너무나 다양하고, 각 집안의 구조도 상이하고, 심지어 대부분의 집안구조들이 로봇 친화적이지 않기 때문이다.

미래의 로봇시대에는 편리를 추구하는 가정, 홀로 살아가는 1인 가정, 질병으로 고통 받는 외로운 가정이 증가하리라 본다. 그때에는 실제로 일을 처리할 수 있는 가사도우미 로봇이 매우 필요할 뿐 아니라 가정의 필수품으로 자리 잡을 것이다.

2018년 미국 라스베가스에서 열린 CES(국제 전자제품박람회)에서 이스라엘의 '인튜이션 로보틱스Intuition Robotics'가 개발한 엘리큐ELLI·Q라는 로봇이 주목받았다. 엘리큐는 노인의 대화 상대가 되어주고 약복용 시간까지 챙겨주며, 심지어 인공지능이 장착되어 있어 사용자의 습관이나 선호도를 익히며 자신의 행동 패턴을 인간에게 맞추어 가는 기능까지 갖췄다고 한다. 사람들은 이러한 도우미 로봇에 갈수록 관심을 가지리라 본다.

치유로봇

여기서 치유로봇은 인간의 정신 및 심리치료에 한정한다. 대표적인 로봇으로는 일본 산업기술종합연구소(AIST)에서 개발한 '파로Paro'이다. 파로는 사람과 공존과 치료가 목적으로 만들어 졌다. 복슬복슬한 털과 두꺼운 외피로 실제 바다표범 새끼의 모습으로 만들어져, 강아지와 고양이에 대한 선호도에 관계없이 로봇을 소유한 사용자로 하여금 기분을 좋게 만든다고 한다. 로봇 파로의 궁극적 목표는 사람과의 상호작용에 의해, 사람에게 즐거움과 편안함 등의 정신적인 활동에 긍정적 모티브를 제공하기 위함이다. 파로는 기네스북에 등재된 세계 최초 심리치료로봇이며, 실제로 파로를 개발한 일본의 연구진에 따르면 소아 정신질환으로 반년 동안 침묵만 일관하던 어린이가 파로와 감정적으로 소통하면서 말문을 열게 되었다고 한다.

또한 파로는 사람의 얼굴을 기억해서 사람이 했던 행동을 그대로 따라하며, 사물을 입체적으로 보는 센서로 낮과 밤을 구분하고 음성인식과 온도측정이 가능하고, 자신이 사람 품에 안겨 있는지도 인식이 가능하다.

이렇게 특수하게 개발된 파로는 사람과의 관계에서 상대의 마음속에 내재 되어 있는 스트레스를 경감시키고 만족감을 일깨워주어, 상대가 스스로 정신적인 건강을 회복하도록 돕는다. 그래서 파로는 치매를 예방하거나 치료하는 등의 다양한 곳에서 필요하겠지만, 특히 홀로 살아가는 할아버지 할머니, 그리고 하루하루 힘든 병과 싸우는 환자들이

병을 이길 수 있는 데 큰 효과가 있으리라 본다.

이제 인간 삶의 질을 높이는 마지막 네 번째 영역을 보자. 지금까지 인류의 공공목적, 사회 안에서의 공존, 그리고 개인 및 가정용 영역에서의 로봇을 살펴봤다. 마지막은 스포츠 및 게임과 같은 엔터테인먼트 로봇이다. 인간은 생계 이외의 다양한 육체 및 정신적 활동을 하며 자기만족을 추구한다. 단순히 노는 것이 아니라 인간은 놀이를 통해 정신적 욕구를 충족하며 행복한 삶을 영위하는 존재이다. 미래의 로봇은 이러한 인간의 욕구를 충족시키는 도우미가 될 것이다.

1999년에 첫 출시된 소니SONY의 로봇 강아지 '아이보Aibo'가 2018년 다시 출시되었으며 꾸준히 진화하고 있다. 새로이 부활한 아이보는 딥러닝 기반 자율 엔터테인먼트 로봇이다. 로봇 아이보는 클라우드와 인터페이스 할 수 있게 해주는 소니 고유의 인공지능(AI) 기술을 적용했다. 아이보의 인공지능은 딥러닝 기반으로 소유자와의 상호 작용에서 배우며 시간이 지남에 따라 독특한 개성을 발전시키고, 아이보의 행동은 천천히 변화되고 독특한 환경에 반응하여 적응한다. 그리하여 궁극적으로 소유자의 요구에 친절하게 대답할 수 있게 되고, 시간이 흐를수록 소유주와의 유대감을 키우면서 더욱 사랑과 애정을 표현한다고 한다. 아이보의 몸체는 총 22개의 축을 따라 부드럽고 자연스런 움직임을 가능하게 하였으며, 특히 두 눈은 다양한 미묘한 감정 표현을 위해 두 개의 OLED[1]를 사용했다.

국내에서도 다사테크가 아이보와 비슷한 애완견 로봇 '제니보

---

1 유기발광다이오드(OLED) 조명은 형광성 또는 인광성 유기화합물에 전류가 흐르면 빛을 내는 전계발광 현상을 이용해 스스로 빛을 내는 자체 발광형 유기 발광 소자이다.
인터넷 다음 백과, http://100.daum.net/encyclopedia/view/201XXX1808031

Genibo'를 2006년 개발했다. 제니보는 실제 애완동물처럼 사용자 말을 알아듣고, 등이나 머리, 옆구리 부위를 쓰다듬어주면 이에 맞춰 반응한다. 그리고 자체 내장된 카메라로 찍은 사진을 무선인터넷으로 PC에 전송할 수 있고, 함께 제공되는 매니저 프로그램으로 이미지를 편집 또는 저장할 수 있다. 제니보는 엔터테인먼트 로봇만이 아니라 뉴스, 날씨 등 정보를 제공할 수 있고, 소유주는 외부에서 제니보 카메라를 통해 집안을 모니터링 할 수도 있다. 제니보는 2012년 업그레이드되어 휴림로봇이 제니보-SD를 출시했다. 제니보-SD가 첨단기술이 장착된 아이보에 이르려면 새로운 최첨단 업그레이드가 필요하다.

마지막으로 게임 및 스포츠 로봇이다. 뇌-기계 인터페이스 및 외골격 기술(Exoskeleton)이 날로 발전하고 있어서 로봇시대에 이 분야의 전망도 매우 밝다고 생각한다. 지금까지 사람처럼 공을 던지고 또 받아칠 수 있는 고성능 스포츠 로봇이 일본과 미국 등 세계 여러 나라에서 등장했지만, 스포츠 로봇으로서의 활성화는 미약하다. 현재 여러 나라에서 스포츠 로봇개발에 박차를 가하는 것으로 안다. 인간은 놀이를 통해 정신적 욕구를 충족하며 행복한 삶을 영위하는 존재이기에, 앞으로 첨단기술이 적용된 게임 및 스포츠 로봇의 출시가 기대된다.

2. 새로운 미래와 인간의 정체성

새로운 미래를 생각할 때 가장 먼저 떠오르는 단어는 행복이다. 미래에도 그리고 영원히 인간은 행복의 길로 가야 하지 않는가이다. 인간의 행복은 편리함, 경제발전, 그리고 부의 축적에 있지 않다. 그러한 것들은 행복을 위한 도구일 뿐, 인간 개개인을 만족시키는 삶 자체로서의 행복이 아니다. 인간 개개인의 본질적인 행복은 자신에게 만족하고 자기 자신을 실현하는 인간 정체성에 있다.

최근 과학기술의 급속한 고도화는 이전에 과학기술이 인간 정체성에 영향을 미친 것과 비교가 되지 않을 정도로, 인간의 정체성에 위협적인 요소로 자리하고 있다. 이를테면 인간의 지능을 뛰어넘는 인공지능이 새로운 미래를 좌우하며, 인간은 점점 더 디지털 및 사이보그화가 되리라는 전망이다. 이러한 상황에 직면해서 인간이 무엇인가 하고 질문할 수 있겠지만, 미래의 행복을 스스로 설계할 수 있는 인간은 지금부터 인간이 무엇인지 질문하고 인간의 정체성을 지키기 위한 노력에 힘을 모아야 할 것이다.

이 책의 마무리로, 향후 인간의 삶 및 인간의 정체성에 영향을 미칠 수 있는 요인들을 좀 더 함축하여 정리하고자 한다. 아무도 미래를 예측할 수 없지만, 미래에도 변함없이 인간성이 확보된 삶의 행복을 가꾸어야 하리라 믿는다.

1) 초인공지능(Super Artificial Intelligence)의 출현

현재 인공지능의 발전속도가 급속히 빨라지고 있다. 특히 최근 스스로 학습하는 딥러닝Deep Learning의 놀라운 진보는 인간의 지능을 능가하는 초인공지능의 도래를 앞당기고 있다. 초인공지능은 인간 삶의 모든 일을 수행하는 범용인공지능으로서 인간사회 전반을 바꿀 수 있는 잠재력을 가진다. 긍정적으로는 삶의 풍요와 인간 능력의 증진을 가져다줄 것이며, 부정적으로는 인간을 지배할 수 있는 새로운 세력 및 힘이 되는 것이다.

인공지능이 초인공지능으로의 진보는 기술의 원리에 따라 제어할 수 없는 인간의 욕망으로 파악된다. 초인공지능의 도래는 언제일지 그리고 정말로 이루어질지 불확실하지만, 인공지능기술이 그 방향으로 나아가고 있음은 자명한 사실이다. 그리고 만약 초인공지능의 출현이 이루어진다면 예측보다 더 빨리 이루어질 수도 있다는 생각이 들 만큼, 현재 인공지능기술의 발전은 고도화 및 박차를 가하고 있다. 최근 마이크로소프트(MS)가 테슬라 최고경영자 일론 머스크가 설립한 인공지능 회사, 오픈 AI에 10억 달러(약 1조 2천억 원)를 투자했다. 이번 투자는 '범용인공지능(Artificial General Intelligence, AGI)'을 개발하기 위함이다. 범용인공지능은 '강한 인공지능,' '초인공지능'으로 불리는 기술로, 인간이 수행할 수 있는 어떤 지적인 업무도 다 이해하고 배울 수 있는 초지능을 말한다. 초지능 개발로 향하고 있는 인공지능기술의 현주소는 앞으로의 인공지능이 어떠한 형태일지 그리고 인간의 본질에 어떠한 영향을 미칠지 숙고하게 한다.

　　최근 TV 드라마나 영화에서도 인간과 구별이 안 되는 로봇 이야기를 많이 다루고 있다. 여기서 로봇은 초인공지능과 로봇공학 그리고 바이오 기술 등이 융합하여 만들어진 결과물로 인간과의 친화력을 강조한다. 이러한 인간과 같은 안드로이드(로봇)의 출현은 아주 머나먼 일이라 생각한다. 하지만 인간을 뛰어넘는 초지능 로봇의 도래는 그렇게 멀리 느껴지지 않는다.

　　초인공지능의 출현은 아직 불확실하다. 하지만 초인공지능이 인간의 정체성에 위기와 혼란을 초래하리라는 사실은 자명하다. 예를 들면, 영화 〈그녀(Her)〉에서 주인공 테오도르는 초인공지능 사만다를 인격체로 대하는 오류에 빠졌다. 최근 상영된 〈조Joe〉라는 영화도 그러하다. 영화 〈조〉는 자신이 로봇인 줄 모른 채, 인간 '콜'(이완 맥그리거)을 사랑하게 된 '조'(레이 세이두)가 진짜 사랑이 무엇인지 찾아가는 로맨스 영화다. 하지만 영화 〈조〉는 단순한 사랑 이야기가 아니다. 인간과 로봇이 공존하는 세상을 전제하며, 그리될 때 어떤 가능성이 일어날지에 대한 상상을 로맨스로 표현한 것이다. 영화의 내용은 "인간과 로봇이 진짜 사랑을 할 수 있을까?"이며, 결국 인간 스스로 정체성의 문제를 던지게 하는 것이 영화의 메시지라 하겠다.

인공지능기술이 초지능 개발로 향하고 있는 이 시점에 우리는 무엇을 해야 하는가? 초인공지능은 지금보다 인간의 정체성(노동, 오락, 지식 등)을 위협할 텐데, 인간의 정체성을 지키기 위해 우리 사회는 무엇을 해야 하는가? 이러한 질문은 다시 한번 인공지능 개발의 목적을 생각하게 한다. 즉 인공지능 개발은 공익을 위함이다. 그래서 인공지능 기술개발에서 가장 중요한 것은 연구 및 기술개발의 원칙을 지키며 공개의 의무를 다하는 것이다. 그리고 그러한 원칙과 공개에 우리 사회가 함께 협의하여 인간성을 지키는 결정을 해나가는 것이 중요하다.[2]

2) 포스트휴먼(사이보그 및 유전자조작 인간)

기술의 발전은 인간이 자기 자신을 이전의 자신이 아닌 다른 존재로 바꿀 수 있는 단계에 이르게 하는데, 그때의 인간을 포스트휴먼이라 한다. 그래서 포스트휴먼은 인간과 기계와의 온전한 융합 및 인간의 철저한 변화로 인한 인간이라 할 수 없는 존재를 일컫는다.

포스트휴먼은 언제 시작되는가? 현재 기술변화를 예측하는 여러 과학자 및 미래학자들은 2045년을 기점으로 인공지능이 인간의 지능

---

2 제5장 인공지능의 발전과 삶에서 언급한 '아실로마 AI 23원칙' 참조.

을 뛰어넘고 예측할 수 없는 미래를 전망하며, 그 시점이 지나면 인간 이후의 존재자, 즉 '포스트휴먼'이 생겨날 것이라 말한다.[3]

일반적으로 포스트휴먼의 대표적 범주로는 인간의 뇌나 신체 기관을 기계장치로 교체한 사이보그Cyborg 그리고 유전자 변형 및 조작에 의한 인간의 개조가 있다. 아직은 일부분의 신체개조로 인간은 사이보그화되고 있지만, 앞으로의 최첨단 기술은 인간의 사이보그를 끊임없이 유도하리라 본다. 유발 하라리는 그의 저서『호모데우스-미래의 역사』에서 '미래에는 단순히 신체적 장애 때문이 아니라 좀 더 월등한 능력을 갖고 싶어 몸의 일부를 기계로 대체하는 포스트휴먼이 생겨날 것'이라고 전망한다. 그래서 포스트휴먼은 새로운 기술적 수단을 통해 건강, 수명, 인지능력 등에서 인간이 획득할 수 있는 최대치를 보유한 존재로 정의할 수 있다.

또한, 유전자 변형 및 사이버네틱스Cybernetics[4]에 의한 인간의 능력 증강도 마찬가지이다. 현재까지 유전자 기술은 우선적으로 몸의 치료이지만, 점점 유전자 개입에 의한 인간 능력 증강이 실현되고 있음을 주목할 필요가 있다.[5]

요약하면, 포스트휴먼은 인간과 기계가 융합하는 상태를 말하는 트랜스휴먼에서 특이점 이후 크게 변화되는 인간의 본성 및 모든 조건을 함의한다고 정의할 수 있다.

앞서 질문했지만, 지금의 우리 자신과 포스트휴먼 시대의 우리 자

---

3 학자들은 첨단 융합기술이 기하급수적 속도로 발전하여 어느 지점에 이르면, 그때부터 전혀 예측할 수 없는 상황으로 전환되는데 바로 그 지점을 '특이점(singularity)'이라 부른다.
4 사이버네틱스는 인간과 기계 상호간의 정보처리 및 사람이나 동물의 몸 구조와 행동을 연구하는 학문의 총칭이다.
5 이 책에서는 인공지능과 로봇과 같은 전자공학적 인간에 주목했으며, 유전자조작에 의한 바이오 기술에 의한 사이보그화는 다루지 않고 있다.

신은 어떠한 차이가 있을까? 나의 지능, 건강, 수명이 기계로 대체될 수 있다면, 나는 사이보그를 선택할 것인가? 초지능과 같은 고도화된 인공물이 내 존재의 모든 영역을 대체할 수 있는가?

포스트휴먼을 전망한다면 인간은 무엇인지 묻지 않을 수 없다. 유발 하라리가 말하는 호모데우스, 즉 '신이 된 인간'[6]에 대해 관심이 가지 않을 수 없다. 앞서 언급했듯이 유발 하라리는 인류의 역사는 이제 유전공학, 재생의학, 나노기술 등의 새로운 기술로 인간을 업그레이드하여 신이 되게 하는 과정으로 흘러갈 것이며, 새로운 미래에는 최첨단 과학기술 및 데이터교가 호모데우스 곧 초인간을 창조할 것임을 예고하였다.

그런데, 유발 하라리가 말하는 것처럼 새로운 미래에 인간의 불멸성이 가능하며 기술이 인간의 행복을 담보할 수 있는가? 유발 하라리는 이러한 과학기술이 새로운 미래에는 역사적 주체가 되리라 전망하는데, 정말 과학기술이 세계와 인간의 자연적 법칙을 넘을 수 있을까? 만약에 진짜로 호모데우스가 출현한다면 이미 앞서 주장했듯이 인간성이 회복된 미래는 사라질 것인데, 그럼에도 불구하고 인간은 호모데우스를 꿈꾸어야 하는가?

인간은 행복을 지향하며, 행복은 인간의 자기 정체성에서 비롯된다. 그리고 자기 자신에 대한 만족감이 행복의 열쇠라고 생각한다. 그런데 포스트휴먼은 인간 종의 변형 및 개선, 그리고 나아가 새로운 생명체의 탄생으로 인간의 자기 정체성을 빼앗으려 한다. 포스트휴먼으로 나아가는 과학기술의 흐름은 막을 수 없지만, 자연의 섭리에 순응한

---

6 '신이 된 인간'에서의 신의 의미는 그리스도교의 인격적 신의 개념이 아니라 새로운 기술에 의한 인간 개개인의 인간조건의 변화(영생, 데이터교, 행복)를 말한다.

인간의 자기 정체성을 지키는 것은 우리 인류의 의무라고 개인적으로 믿는다. 지금까지 그래왔듯이 앞으로도 우리 인간은 스스로 인간의 정체성을 지킬 수 있는 길로 나아가리라 믿는다. 타인을 위해 목숨까지 내어줄 수 있는 인간의 존재성은, 선택의 필요성이 반드시 요구된다면 과학의 진보가 아닌 인간의 정체성을 선택할 것이다.

하이데거는 인간이 특별한 이유는 자신이 유한한 존재임을 알고 자신을 대상으로 물을 수 있는 초월적 존재이며, 미래에 자신의 존재를 기획하며 타인 및 세계에 자신을 개방하기 때문이라고 하였다. 인간의 상호의존성, 인간의 상호 관계성, 그리고 유한한 인간으로서 인간의 자기 초월성은 과학으로부터 인간의 본성을 지켜나가는 양식이 되리라 믿는다.

3) 로봇의 윤리적 문제

인간의 삶에 점점 깊숙이 들어오고 있는 로봇은 갈수록 진화하고 있다. 인공지능 및 여러 첨단기술의 급속한 발전으로 로봇이 인간의 지능을 뛰어넘는 기점은 바로 눈앞이라 하겠다. 특정 영역에서는 이미 기술적 측면에서 로봇은 인간의 지능을 뛰어넘는다. 또한, 로봇이 기능적으로 인간의 정신 및 감성적 영역을 재현하고 있는데, 이러한 로봇의 인간화 문제는 인간의 본질 문제, 즉 인간의 정체성과 관련된 문제이며 앞서 살펴보았다.

필자는 로봇의 윤리적 문제 두 가지를 지적하고 싶다. 첫째는 로봇에게 부여되는 소프트웨어 프로그램의 도덕성이다. 애완견과 같은 일반적 생물은 인간의 지능 및 본성에 미치지 못하며 일정한 양식을 유지하는 자연의 섭리에 벗어나지 않는다. 하지만 인공물인 로봇은 기술의 발전에 따라 급속한 진화를 가질 수 있기에 프로그램의 도덕성 문제가 제기된다. 두 번째는 로봇의 잘못된 행위에 대한 책임성 문제이다. 로봇이 지능화되고 인간화되면서 로봇이 인간에게 미치는 해로움이 생길 수 있다. 만약 그러한 일이 생긴다면 그러한 행위의 주체인 로봇은 어떻게 되어야 하는가에 대한 로봇 행위의 책임성 문제가 따른다.

먼저, 로봇에게 부여되는 소프트웨어 프로그램의 도덕성이다. 현대기술에서 소프트웨어는 빠르게 변화하고 있다. 프로그램 기술의 변화도 빠르고 움직이는 동력의 속도도 빨라지고 있다. 그럼으로써 소프트웨어 알고리즘은 자동화 시스템에서 스스로 자신을 업그레이드하고 주어진 상황을 인식하고 행하는 자율적 존재로 나아가고 있다. 그래서 최근에 출시된 로봇은 빅데이터, 네트워크, 그리고 고도화된 인공지능을 기반으로 하는 공학적 개념의 자율성 로봇이라고 말할 수 있다. 예로서, 일본 소프트뱅크의 감정인식 로봇 페퍼Pepper 그리고 소니의 로봇 강아지 '아이보Aibo'이다. 앞에서 다루었지만 2018년 다시 출시된 아이보는 딥러닝 기반 자율 엔터테인먼트 로봇이며, 클라우드와 인터페이스 할 수 있게 해주는 소니 고유의 인공지능기술을 적용한다. 그래서 아이보는 소유자와의 상호작용에서 배우며 시간이 지남에 따라 독특한 개성을 표현하며, 또한 다양한 환경에 적절히 반응한다.

이렇게 로봇공학이 발전함에 따라 로봇의 행동을 제어하는 인공지능 프로그램이 어떠해야 하는가의 문제가 대두된다. 윤리적 관점에서는 선善을 위한 알고리즘 구성과 같은 도덕성이 요구된다. 즉 로봇을 구성하는 프로그램 자체의 윤리적 코드가 필요하다. 그래서 아이작 이시모프Issac Asimov의 로봇 3원칙이 현재까지도 거론되는 것이다. 아시모프의 로봇 3원칙은 다음과 같다.

- 제1원칙: 로봇은 인간에게 해를 끼쳐서는 안 되며, 위험에 처한 인간을 방관해서도 안 된다.
- 제2원칙: 1원칙에 위배되지 않는 한, 로봇은 인간의 명령에 복종해야 한다.
- 제3원칙: 1, 2원칙에 위배되지 않는 한, 로봇은 자기 자신을 보호해야 한다.
- 제0원칙: 아시모프는 위 3원칙을 제시한 이후, 나중에 제0원칙을 추가한다. 0원칙은 로봇은 인류가 위험에 처하도록 해서는 안 된다.

아시모프의 로봇 3원칙의 준거는 로봇이 어떻게 진화되더라도 인간과 인류에 결코 해가 되지 않아야 한다는 것이다. 즉 로봇은 인간과 인류를 위함이어야 한다는 로봇개발의 목적이 담겨있다. 그리고 그것이 로봇의 지능이 가져야 하는 도덕성이다.

2017년 1월 유럽연합이 제시한 전자인간형(Electronic Personhood)으로서의 로봇이 지켜야 할 윤리 의무는 바로 아시모프의 로봇 3원칙을 바탕으로 만들어졌다.[7] 그리고 현재의 로봇 윤리는 로봇이 인간에게 지켜야 할 의무뿐만 아니라 로봇의 개발기획부터 운용·제어·지능기술을 설계하고 제작, 평가하는 등 로봇기술을 연구하고 개발하는 로봇공학자의 윤리를 함의한다.

하지만 앞으로의 로봇은 아이보Aibo처럼 다른 대상과의 상호작용을 통해 스스로 진화할 수 있을 것이다. 그래서 로봇의 설계에 있어서 프

---

[7] 유럽연합은 2005년 '윤리로봇(Ethicbots)'이라는 프로젝트를 추진했고, 2014년 3월에는 로봇법 프로젝트를 수행하였다.

로그래밍 된 윤리적 지침이 중요하며, 그리고 로봇이 인간과의 상호작용에서 배우는 학습에도 윤리적 문제가 연계되어야 할 것이다. 로봇이 상대방의 악한 표양 및 잘못된 판단과 결정 과정을 그대로 받아들이는 것은 큰 위험을 낳을 수 있기 때문이다.

다음은 로봇의 윤리적 문제의 두 번째로 로봇의 잘못된 행위에 대한 책임성 문제이다. 일상 안으로 들어온 로봇이 지능화되고 인간화되면서 로봇의 행위가 잘못되면, 공존하는 인간에게 해가 될 수 있다. 만약 그러한 일이 생긴다면 그러한 행위의 주체인 로봇은 어떻게 되어야 하는가? 그리고 그 책임은 누구에게 돌려야 하는가?

로봇의 잘못된 행위에 대한 책임성 문제는 의외로 단순할 수 있다. 로봇은 자신의 결정에 따른 사고를 내도 인격체가 아니기에 스스로의 책임이 없다. 로봇의 사고에 대한 책임은 전적으로 소유주에게 있음이 마땅하다. 사람이 소유하고 있는 동물이 타인을 해하는 경우처럼, 로봇의 오작동으로 인하여 타인이 해를 당했을 때 소유주가 책임을 감당하는 것이 당연한 일이다. 그리고 그렇게 해야만 로봇에 대한 개발 및 로봇의 소유에 있어서 사람들이 함부로 하지 않을 것이다.

보통 사람들은 로봇의 행위와 로봇에게 부여하고자 하는 지위를 동일시하는 경향이 있다. 이를테면 로봇의 행위가 인간과 흡사하니 인간적 지위를 부여하는 것에 대한 긍정적 생각이다. 하지만 로봇은 인격체일 수 없기에 불가능한 일이다. 다만 지능화된 로봇의 특성을 고려하여 인공물이지만 스스로 사람을 해할 가능성이 있기에, 동물과 같은 생명체의 지위를 부여하는 것에 대해서는 충분히 고려해야 한다고 생각한다.

한편, 여러 과학자 및 미래학자들은 미래기술이 만들어낸 인공지능체는 자체의 동력을 가지며 다른 프로그램을 만들어낼 수 있기에, 인간의 개입이나 통제가 불필요할 수 있음을 전망한다. 즉 미래의 로봇은 자율성을 발휘하며 직면한 상황을 스스로 판단하고 결정할 것이라는 예측이다. 그때에는 비록 로봇 개발자가 아시모프의 로봇 3원칙을 준수하여 로봇을 개발했다 하더라도, 고도화된 지능 및 로봇의 자율성은 인간과 인류에게 해를 끼치는 오류를 범할 수 있다.

가령 산업 재해 안전에서 로봇은 공공 기반시설을 유지하기 위해 접근 불가능한 장소에 배치될 수 있는데, 그러할 때 어떠한 형태이든지 로봇의 작동에 오류가 생기면 예측할 수 없는 일이 벌어질 수 있다. 또한, 군사 로봇과 같은 특수목적용 로봇에 있어서는 사람들의 안전성을 확인하는 것이 불가능한 단계에 도달할 수도 있다.

여러 기술과의 융합으로 로봇은 다양한 형태로 진화하고 있다. 따라서 여러 상황을 미리 대비하여 로봇개발의 윤리적 원칙이 강화되기를 바라는 바이다. 로봇이 인간의 친구가 되기 위해서는 로봇이 인간을 해할 수 있는 모든 위험에서 차단되어야 할 것이다. 사람이 실수하듯 로봇도 오작동할 수 있다. 하지만 실수는 일상에서의 가능한 실수가 있는가 하면, 위험시설에서 또는 수술실에서의 오작동은 곧 생명의 위협인 것이다. 2018년 우버의 자율주행 자동차 주행 시 자동차가 시속 40마일 미만의 속도로 운행했는데도 불구하고 사람이 도로를 무단으로 건너는 것을 인지하지 못했던 것처럼, 로봇의 자율성은 위험을 초래할 수 있음을 늘 기억해야 한다.

맺음말

　역사 안에서 인간에 대한 이해는 다양하게 이루어진다. 사상가들은 우주와 자연의 본질 속에서, 신앙의 진리 안에서, 그리고 과학적 탐구 안에서 인간의 고유성을 파악한다. 하지만 이렇게 파악된 인간 이해는 인간이 무엇이며 그의 본질적 요청들이 무엇인지 단정하지 못한다. 인간은 인격적 몸을 지닌 인격체이며, 개별 인간은 자신만의 고유한 인격성으로 자신에게만 속하는 유일무이한 심층 차원을 자체 안에 간직한다. 그래서 사상가들은 인간은 객관적 대상으로 파악할 수 있는 존재가 아닌 복잡하고 신비스러운 존재임을 인정하면서, 자신이 속하는 시대와 문화에 따라 인간의 본질을 파악한다.

　인간은 물리적 존재이며 동시에 정신적인 존재이다. 인간을 구성하는 육체와 영혼은 불가분리성 안에서 인간존재의 단일성을 이룬다. 이렇게 육체와 영혼의 불가분리성 안에서 인간은 타인을 만나고 타인과의 관계를 맺으며 자기를 성취하고 자신을 실현한다. 바로 이러한 인간의 존재성을 인격이라 하며, 인격은 인격적 몸을 지닌 인간이 자신을 실현하는 자기 정체성이라 규정할 수 있다. 따라서 인격의 개념은 엄밀한 의미에서 개별적 인간을 지칭한다고 하겠다.

최근 인공지능 및 로봇의 급속한 발전은 끊임없이 인간이 무엇인지의 질문을 던지게 하고 있다. 하지만 인공물인 로봇에 인간의 정체성을 함의하는 인격개념을 적용하는 것은 잘못이다. 비록 인공지능 로봇이 인간의 인격성을 드러내고 오히려 인간의 능력을 초월할 수 있지만, 기계는 기계로서 다루어지는 자연의 섭리에 순응하는 것이 인류가 앞으로도 걸어가야 하는 길이라 믿는다. 다만, 인간과 같은 지능 및 감정을 지닌 인공지능과 로봇의 특수성을 고려하여 그들 인공물에 적합한 용어를 만들고 사회의 여러 규정과의 관계를 명확히 해야 할 시점임은 분명하다.

제4차 산업혁명에서 인공지능이 우리 생활에 미치는 영향이 대단할 것이며, 동시에 인공지능 로봇이 지금의 스마트폰처럼 우리에게 미치는 영향이 대단할 것이다. 기술의 발전이 갈수록 인간의 본성 및 본질로 향하고 있기에, 그 어느 때보다 인간의 정체성 문제는 중요한 의제로 다가오고 있다.

필자는 인간의 자기 정체성을 규정하는 인격의 의미를 우리 사회가 깊이 인지하고 숙고하길 바라는 마음이다. 특히 다가오는 불확실성 안에서의 로봇시대에 인간의 자기 주체성이 인격에 있음을 모두가 자각했으면 한다. "인간은 주체로서 존엄성을 가지며, 인간 그 자체로서 가치 있게 되는 것이다."[8]

마지막으로, 아프리카 수단에서 선교 활동했고 지금은 고인이 된 이태석 신부님의 다큐멘터리 한 장면을 나누고 싶다. 그분이 수단 사람들의 '킹카족'의 행복을 언급하면서 하신 말씀이다.

---

8 제2차 바티칸 공의회, 『사목헌장』, 24항 참조.

"… 많이 가지면 행복하다는 그런 물질주의 사고방식에 나도 젖은 적이 있었는데 … 그러나 여기 나병 환자처럼 아무것도 가진 것 없으면서도 행복한 모습 … 작은 것에 감사하고 … 기뻐하고 … 하는 그런 모습을 보면서 … 행복을 찾는 것은 어쩌면 단순한 것인데 … 우리는 다른 곳으로 가는 것이 아닌가 하는 그런 느낌을 받았어요."

참고문헌

곽진상·박찬호·한민택(편),『4차 산업혁명과 신학의 만남』, 수원가톨릭대학교출판
　부, 2019.

고인석, "로봇 윤리의 기본 원칙,"「범한철학」75, 2014, 401~426면.

구본권,『로봇시대, 인간의 일』, 어크로스, 2017.

구본권 외,『포스트휴먼 시대의 휴먼: 포스트휴먼 사이언스』, 아카넷, 2016.

김선희,『사이버 시대의 인격과 몸』, 아카넷, 2004.

다카하시 도루,『로봇시대에 불시착한 문과형 인간』, 김은혜 옮김, 한빛비즈, 2018.

러디어드 키플링,『정글북』, 정회성 옮김, 사파리, 2018.

로지 브라이도티,『포스트휴먼: 포스트휴먼 총서 3』, 이경란 역, 아카넷, 2015.

마정미,『포스트휴먼과 탈근대적 주체』, 커뮤니케이션북스, 2014.

마틴 하이데거,『존재와 시간』, 전양범 옮김, 동서문화사, 2016.

매일경제신문사,『2016 다보스 리포트: 인공지능발 4차 산업혁명』, 2016.

바티스타 몬딘(Batista Mondin),『신학적 인간학』, 윤주현 옮김, 가톨릭출판사, 2011.

바티칸시국 교황청 문화평의회,『4차 산업혁명과 인류의 미래』, 수원가톨릭대학교출
　판부, 2019.

박일준,『인공지능시대, 인간을 묻다』, 동연출판, 2018.

반 퍼슨(C.A. van Peursen),『철학적 인간학 입문: 몸 영혼 정신』, 손봉호·강영안 옮
　김, 서광사, 1985.

변순용 편,『윤리적 AI로봇 프로젝트』, 도서출판 어문학사, 2019.

소피아 로비기(Sofia V. Rovighi),『성 토마스의 철학적 인간학』, 이재룡 옮김, 가톨릭
　출판사, 2015.

신동원·김남일·여인석,『한권으로 읽는 동의보감』, 들녘, 1999.

심상태,『인간: 신학적 인간학 입문』, 서광사, 1989.

아이작 아시모프(Issac Asimov)·로버트 실버버그(Robert Silverberg),『양자인간』
(The Positronic Man), 박상준 옮김, 동아출판사, 1994.

유발 하라리(Yuval Harari),『호모데우스-미래의 역사』, 김명주 옮김, 김영사, 2017.

유은순·조미라, "포스트휴먼 시대의 로봇과 인간의 윤리,"「한국콘텐츠학회논문지」
18(3), 2018, 592~600면.

이정동·권혁주 외,『공존과 지속: 기술과 함께하는 인간의 미래』, 민음사, 2019.

이종관,『포스트휴먼이 온다』, 사월의 책, 2017.

이중원 외,『인공지능의 존재론』, 한울아카데미, 2016.

제2차 바티칸공의회,『사목헌장』, 한국천주교 중앙협의회, 2002.

존 조던(John M. Jordan),『로봇수업: 인공지능 시대의 필수교양』, 장진호 외 옮김, 사
이언스북스, 2018.

존 포웰(John Powell),『왜 사랑하기를 두려워하는가?』, 박복주 옮김, 가톨릭출판사,
2007.

진교훈 외,『인격: 고대로부터 현대에 이르기까지의 인격의 의미, 서울대학교출판부,
2007.

한국포스트휴먼학회 편저,『포스트휴먼 시대의 휴먼』, 아카넷, 2017.

허정아,『몸: 멈출 수 없는 상상의 유혹』, 21세기북스, 2011.

Frischmann Brett, Selinger Evan,『Re-Engineering Humanity』, Cambridge
University Press, 2018.

Murray Shanahan,『Technological Singularity』, MIT press, 2015.

Ray Kurzweil,『The Singularity is Near: When Humans Transcend Biology』, New
York: Viking, 2005.

저자소개

지은이 김태오(金泰吾)는 가톨릭교회 신부이며 마리아니스트(마리아회) 소속 사제이다. 1992년 서울 가톨릭대학교 신학부를 졸업하고, 1994년부터 2000년까지 미국 캘리포니아주 Menlo Park의 St. Patricks 대학원, 미국 오하이오주 Dayton의 데이튼 대학에서 전문신학과정을 수학하였다.
현재 가톨릭관동대학교 베룸교양대 교수로 인간학을 가르치고 있으며, 학교부설 평생교육원에서 원장 직을 수행하고 있다.

인격과 로봇
미래를 여는 진정한 인간

초판발행	2019년 10월 10일
지은이	김태오
펴낸이	안종만 · 안상준
편 집	이승현
기획/마케팅	손준호
표지디자인	이미연
제 작	우인도 · 고철민
펴낸곳	(주) **박영사**
	서울특별시 종로구 새문안로3길 36, 1601
	등록 1959. 3. 11. 제300-1959-1호(倫)
전 화	02)733-6771
f a x	02)736-4818
e-mail	pys@pybook.co.kr
homepage	www.pybook.co.kr
ISBN	979-11-303-0857-9 03180

정 가   12,000원